企业科协工作手册

中国科协企业创新服务中心　组编

中国石化出版社
HTTP://WWW.SINOPEC-PRESS.COM

图书在版编目（CIP）数据

企业科协工作手册 / 中国科协企业创新服务中心组编. — 北京：中国石化出版社，2022.6（2024.9重印）
ISBN 978-7-5114-6740-9

Ⅰ. ①企… Ⅱ. ①中 Ⅲ. ①企业—科学技术协会—工作—中国—手册 Ⅳ. ①G322.25-62

中国版本图书馆CIP数据核字（2022）第097438号

中国石化出版社出版发行
地址：北京市东城区安定门外大街58号
邮编：100011 电话：（010）57512500
发行部电话：（010）57512575
http://www.sinopec.press.com
E-mail:press@sinopec.com
北京富泰印刷有限责任公司印刷
全国各地新华书店经销
*
889×1194毫米 32开本 5.75印张 120千字
2022年6月第1版 2024年9月第5次印刷
定价：46.00元

中国科协要肩负起党和政府联系科技工作者桥梁和纽带的职责，坚持为科技工作者服务、为创新驱动发展服务、为提高全民科学素质服务、为党和政府科学决策服务，更广泛地把广大科技工作者团结在党的周围，弘扬科学家精神，涵养优良学风。要坚持面向世界、面向未来，增进对国际科技界的开放、信任、合作，为全面建设社会主义现代化国家、推动构建人类命运共同体作出更大贡献。

——2021 年 5 月 28 日，习近平在两院院士大会、中国科协第十次全国代表大会上的讲话

《企业科协工作手册》
编　委　会

前言
Preface

当今世界百年未有之大变局加速演进，国际环境错综复杂，科技创新成为国际战略博弈的主要战场，围绕科技制高点的竞争空前激烈。“坚持创新在我国现代化建设中的核心地位，把科技自立自强作为国家发展的战略支撑”——以习近平同志为核心的党中央把握世界发展大势、立足当前、着眼长远作出这一重大战略部署，凸显了加快科技创新的重要性和紧迫性。企业是创新的主体，更好地激发企业科技工作者的创新活力，推动更多企业高质量发展，已然成为中国科协、各级地方科协以及企业科协的重要使命。

企业科协是中国科学技术协会在企业的基层组织，是中国共产党领导下由企业科技工作者自愿组成的群众组织，是党和政府联系企业科技工作者的桥梁和纽带，是推动企业科技进步和助力世界科技强国建设的重要力量。近年来，中国科协党组不断提高对企业科协工作的重视程度，企业科协组织数量稳步增长、组织形态不断创新，在服务企业科技工作者、服务企业创新发展等方面发挥了积极作用，但还存在着覆盖率低、活力不足、资源薄弱等问题，与中央书记处提出的“六个哪里”目标还有较大差距。企业科协工作者急需通过系统性的指导、专业化的培训和相关交流研讨，不断提升服务能力。

在此背景下，中国科协企业创新服务中心组织一批具有长期实践经验的企业科协工作者和专家，在广泛调查研究的基础上，对2019年版《企业科协工作手册》（以下简称《手册》）进行了修订。根据各地方科协和企业科协的意见和建议，本次修订工作主要体现在四个方面：一是融入了中央关于科技创新工作和科协工作的最新指示精神以及中国科协党组关于推动企业科协工作上台阶的相关要求；二是根据科技创新和企业科协工作的最新发展形势对诸多内容进行了调整、修补和完善；三是进一步提高了《手册》的针对性、实用性，删除了原有《手册》中可读性、操作性不强的相关内容，同时更新了相关案例；四是增加了附录部分，将《企业科学技术协会组织通则》、企业科协章程模板、中国科协服务企业创新的相关资源链接、企业科协大事记纳入附录，进一步增强了《手册》对企业科协工作的指导性。

修订后的《手册》共分六章，围绕企业科协是什么、怎么建、怎么干、干什么、有哪些类型、可从中国科协和各级地方科协获得哪些服务与支持等六个主要方面，深度思考新形势下企业科协的职责和定位，系统梳理、提炼出企业科协的工作举措和方法，力争全面、客观、准确地反映当前企业科协工作的形势和特点，尽力为企业科协工作者提供系统性、规范性的工作指引，更好地推动企业科协组织建设与作用发挥。

由于企业科协工作开放性强，与企业技术创新等多个方面的工作密切相关，《手册》难免存在不足与疏漏，请有关专家、企业科协工作者及广大读者批评指正。《手册》在编撰过程中，得到了北京市科协、江苏省科协、湖南省科协、广西壮族自治区科协等地方科协和湖南省企业科学技术协会联合会以及多个企业科协的大力支持，在此一并表示感谢。

本书编委会

2022年6月

目 录
Contents

第一章

企业科协是什么

企业科协是中国科学技术协会在企业的基层组织，是中国共产党领导下由企业科技工作者自愿组成的群众组织，是党和政府联系企业科技工作者的桥梁和纽带，是推动企业科技进步和助力世界科技强国建设的重要力量。

企业科协在企业党组织的领导下，在中国科学技术协会及企业党组织关系所在地的地方科学技术协会的指导下，依照《中国科学技术协会章程》《企业科学技术协会组织通则》及企业科协章程开展工作。少数已注册为独立法人的企业科协，须按国家有关规定接受民政部门管理。

一 企业科协的属性和职责

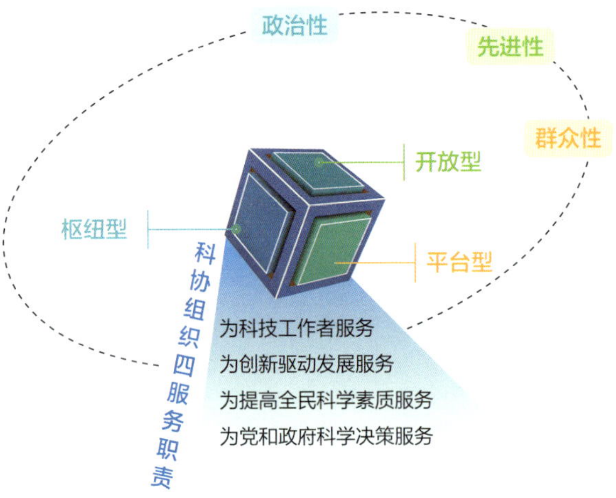

科协组织的属性、特点和职责

1 企业科协的基本属性是什么？

2015年7月，习近平总书记在中央召开的党的群团工作会议上强调，群团组织一定要坚持解放思想、改革创新、锐意进取、扎实苦干，切实保持和增强党的群团工作和群团组织的政治性、先进性、群众性，组织动员广大人民群众更加紧密地团结在党的周围，把广大人民群众对美好生活的追求汇聚成强大动力，共同谱写实现“两个一百年”奋斗目标、实现中华民族伟大复兴中国梦的新篇章。

1998年，第五届中国科协主席周光召为沈阳飞机工业（集团）有限公司科协题词

2017年8月，习近平总书记对群团改革工作作出重要指示时又进一步强调：“要推动各群团组织结合自身实际，紧紧围绕增强‘政治性、先进性、群众性’，直面突出问题，采取有力措施，敢于攻坚克难，注重夯实群团工作基层基础。”

企业科协是中国科协的基层组织，具有群团组织共同的属性，即政治性、先进性、群众性。不断增强政治性、先进性、群众性，是企业科协加强自身建设的根本要求。

政治性

政治性是群团组织的灵魂，是第一位的。企业科协在政治上、组织上接受同级党组织的领导，是党和政府团结联系企业科技工作者的桥梁和纽带。因此，企业科协具有明确的政治使命，即更加紧密地将企业科技工作者团结在党的周围，引导企业科技工作者增强“四个意识”、坚定“四个自信”、做到“两个维护”，动员企业科技工作者融入党和国家的工作大局，服务党和国家的事业发展，从而使企业科技工作者在思想上、政治上、行动上始终同党中央保持高度一致。

先进性

群团组织是党直接领导的群众组织，承担着组织动员广大人民群众为完成党的中心任务而共同奋斗的重大责任，必须把保持和增强先进性作为重要着力点。从组织成员看，企业科协的主要成员包括企业科技人员、管理人员和高级技能人员等，他们普遍具有较高的科学文化素质和专业技能，是先进生产力中的佼佼者。从组织功能看，企业科协通过服务企业科技工作者、服务企业技术创新，引领企业科技工作者勇当高水平科技自立自强的排头兵，助力企业科技进步和创新发展，夯实高质量发展根基。

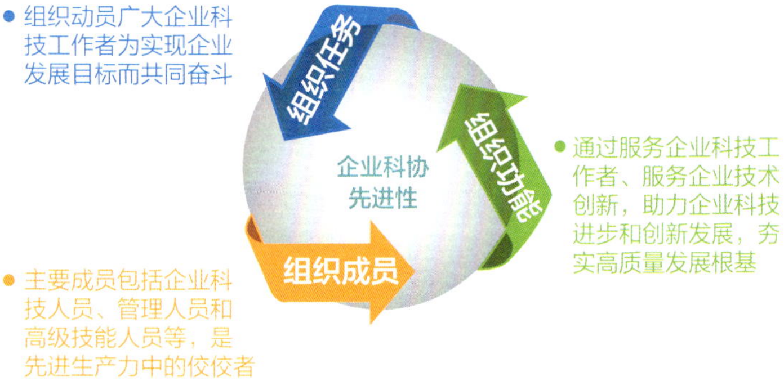

群众性

群众性是群团组织的根本特点。企业科协是由企业科技工作者自愿组成的群众组织，团结服务企业科技工作者既是企业科协的重要职责，也是坚持党的群众路线的必然要求。企业科协要以企业科技工作者为中心，密切联系企业科技工作者，让企业科技工作者当主角，主动关心、及时反映企业科技工作者的意见和呼声，不断提升企业科技工作者的满意度和获得感。

2 企业科协的主要职责有哪些?

2021年5月28日，习近平总书记在两院院士大会、中国科协第十次全国代表大会上强调，中国科协要肩负起党和政府联系科技工作者桥梁和纽带的职责，坚持为科技工作者服务、为创新驱动发展服务、为提高全民科学素质服务、为党和政府科学决策服务，更广泛地把广大科技工作者团结在党的周围，弘扬科学家精神，涵养优良学风。要坚持面向世界、面向未来，增进对国际科技界的开放、信任、合作，为全面建设社会主义现代化国家、推动构建人类命运共同体作出更大贡献。

根据中国科协的使命和任务，企业科协主要有四个方面的职责：

为企业科技工作者服务

企业科技工作者是企业科协的主要成员。为企业科技工作者服务，是企业科协最基本的职责。企业科协要以关心企业科技工作者为工作出发点，为企业科技工作者成长成才和发挥作用搭建平台、创造条件，并倾听他们的心声，反映他们的建议、意见和诉求，切实维护好他们的合法权益，建设有温度、可信赖的科技工作者之家。

为企业技术创新服务

企业是技术创新的主体。作为科技工作者的群众组织，企业科协能给企业带来的价值，关键在于为企业技术创新服务，提升企业的核心竞争力。企业科协一方面要为企业汇聚各类创新资源，比如通过科协系统庞大的组织网络获取人才和技术资源；另一方面要组织动员企业科技工作者开展群众性技术创新活动等各种有利于企业技术创新的活动，充分激发企业科技工作者的创新活力。

为提高全民科学素质服务

科技创新和科学普及是实现创新发展的两翼。科普是每个科技工作者的责任和义务，科协是组织和开展科普工作的主力军。企业科协要立足企业发展，结合技术创新和技能培训，开展各类科普活动，提高企业员工科学素质。有条件的，还可设立向公众开放的科普场馆或者设施，助力企业履行社会责任。

为党和政府科学决策服务

企业科协要把加强党的领导和企业发展统一起来，宣传党的路线方针政策，团结和引领企业科技工作者听党话、跟党走；接受委托参与、协调专业技术职称评定工作，组织企业科技工作者参与科学论证和咨询服务，推进企业智库建设；围绕产业发展加强相关研究和交流，服务党和政府科学决策。

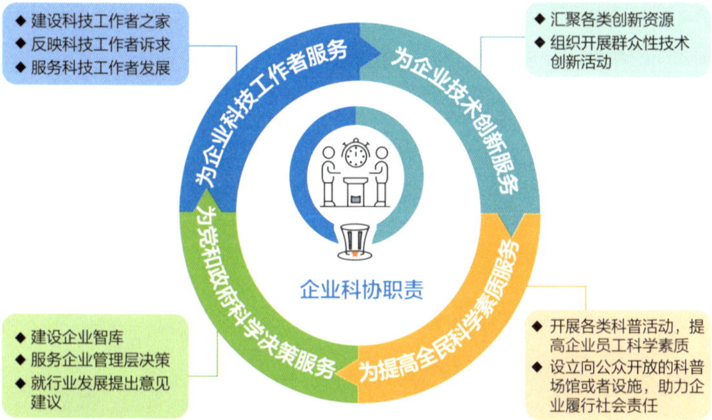

二 企业科协的发展历程

自1949年中华人民共和国成立以来，企业科协的发展大致经历了五个阶段。在此期间，企业科协曾在计划经济时代经历繁荣，也曾在市场化改革浪潮中陷入阵痛，又逐渐在创新驱动的知识经济时代焕发活力。当前，企业科协正处于大有作为的新时代，发展态势稳中向好，组织形态也日趋多样。

3 最早的企业科协是什么时候成立的？

企业科协的前身是1950年“中华全国自然科学专门学会联合会”和“中华全国科学技术普及协会”两大科技群众团体在基层建立的厂矿科普协会。

1958年9月，“中华全国自然科学专门学会联合会”和“中华全国科学技术普及协会”合并为“中华人民共和国科学技术协会”，并召开第一次全国代表大会。大会决议提出：“在群众需要的情况下，科协应该在工矿、企业、人民公社、学校、机关等单位，建立科协基层组织。”此后，厂矿科普协会也相应改名为“厂矿科学技术协会”(简称“厂矿科协”)。同年，太原重型机器厂(现太原重型机械集团有限公司)科协等第一批厂矿科协正式成立，拉开了我国企业科协发展的序幕。

4 企业科协的发展经历了哪些阶段?

企业科协的发展经历了五个阶段。在不同历史时期，企业科协的主要任务和发展特征也不尽相同：

初步建立阶段（1950—1979）

获得了初步发展，组织建设和活动开展都处于起步和探索阶段，发挥的作用比较有限。

快速发展阶段（1980—1996）

有了明确的科学指南和行动纲领，具备了专职化的管理队伍、专门的工作经费、多样的工作任务、优质的创新资源以及过硬的技术服务能力。

转型和扩展阶段（1997—2007）

随着非公有制经济的不断壮大和非公企业技术创新需求的不断攀升，企业科协的作用和价值逐渐得到企业管理层的重视，覆盖范围也不断向非公有制企业和各类园区拓展。

深入发展阶段（2008—2014）

《全国“讲理想、比贡献”活动表彰奖励办法》《企业科学技术协会组织通则》等文件出台，企业科协组织在向非公企业和园区拓展的同时，建设质量也在不断提升。

深化改革阶段（2015年至今）

以科协系统深化改革为契机，我国企业科协发展进入了一个全新的阶段：企业科协的工作体系进一步健全，企业科协的形态日趋多样化，企业科协的工作方式不断创新。在科协系统深化改革的带动下，企业科协的发展稳步推进，企业科协工作的系统性和专业化程度持续增强，效果和影响力也逐步提升。

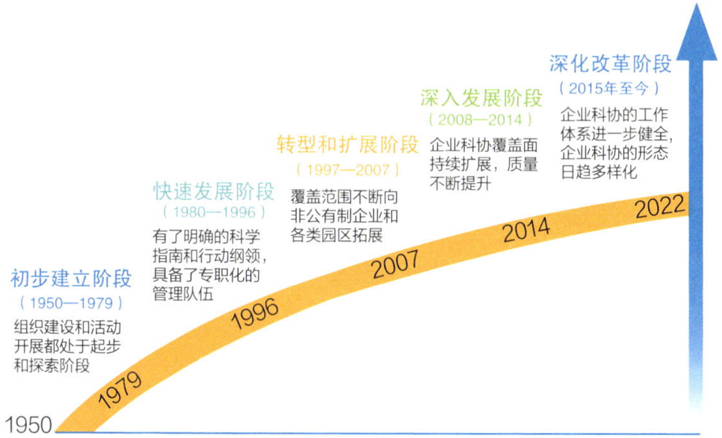

企业科协的发展历程

5 企业科协的发展现状是怎样的？

2016年，中共中央办公厅印发的《科协系统深化改革实施方案》明确指出，要“推动科协组织向园区和企业延伸，采取单独组建、区域联建、行业统建、依托组建等多种方式，大力发展企业科协、园区科协或企业科协联盟等，重点在新经济组织建立科协，把创客之家等新型科技社团纳入科协，接长‘手臂’、形成链条”。《科协系统深化改革实施方案》指明了企业科协的发展方向，大大推动了企业科协组织的发展。

处在大有可为的黄金时代

当前，新一轮科技革命和产业变革突飞猛进，科学研究范式发生深刻变革，学科交叉融合不断发展，科学技术和经济社会发展加速渗透融合，企业技术创新迫切需要新的社会生态和协同机制，这为具有开放型、枢纽型、平台型特征的科协组织带来了新的发展机遇。一方面，我国科技工作者有四分之三以上分布在企业，企业科协是科协系统全面加强组织体系建设、密切与广大企业科技工作者联系的根本依靠；另一方面，企业科协也是科协系统充分发挥跨部门、跨地区、跨行业、跨学科的组织网络优势和人才资源优势，推动产学研融合，促进企业科技进步和技术创新的基层基础。进一步加强企业科协组织建设，更广泛地联系企业科技工作者，服务其建功立业，对于推动实现高水平科技自立自强，构建新发展格局具有重要意义。

中国科协第十次全国代表大会（简称中国科协“十大”）以来，中国科协党组、书记处更加重视、高位推动企业科协组织建设，并强调要强化企业科协组织赋能，切实激活企业科协在服务企业中的积极作用。《中国科学技术协会事业发展“十四五”规划（2021—2025年）》提出，要建立完善企业科协等组织载体，推动科协组织改革向基层延伸，增强科协组织联系服务基层科技工作者的覆盖面和到达率；企业科协要发挥技术转移转化信息沟通的纽带作用，促进产学研金服用融合。《中国科协组织建设“十四五”规划（2021—2025年）》提出，要以科技领军企业为重点，分级分类推进中央企业、地方国有大型企业、规模以上民营企业等建立科协组织，探索面向新经济组织、新社会组织以及自由职业群体等建立科协组织，有效拓展联系服务企业科技工作者的渠道；各级科协要推进高新技术开发区、科技园区等建立园区科协组织，创新科技型中小企业组织方式，推进建立以企业为主体的产学研融合创新平台，提升服务科技成果转移转化和产业发展的效能；优化企业科协组织建立的审批或备案程序，大力促进企业科协发展。《中国科协学会学术创新发展“十四五”规划（2021—2025年）》提出，鼓励省、市、县各级成立企业科协联合机构，推动重点行业成立企业科协联合组织；在未建立科协组织的企业、园区设立企业科协工作联络员。

2022年2月，中国科协与国务院国资委签订全面战略合作协议，明确提出共同推动有条件的中央企业在集团层面建立科协组织。同月，中国科协与全国工商联签署全面战略合作协议，将推动民营企业科协组织建设列为主要合作内容之一。中国科协“十大”以来，一批科技领军企业纷纷建立科协组织，如中国电信、中国交建、中国煤科、中国石化、中国煤地、国机集团、中国联通、科大讯飞等。

中国电信集团有限公司科学技术协会成立大会

呈现稳中向好的发展态势

根据企业科协基本情况调查数据显示，全国企业科协组织数量从2017年的15787个增长到2021年的26708个。在企业科协数量不断增加的同时，企业科协的发展还呈现出以下四个方面的特征。

1

在地域分布方面，企业科协数量和地方经济发展程度呈正相关性，东部沿海地区企业科协发展整体态势较好。截至2021年底，企业科协数量最多的五个省份分别是：江苏省（4058个，占全国企业科协总数的15.2%）、湖南省（4021个）、浙江省（2570个）、山东省（2333个）、广西壮族自治区（1973个），其中湖南省、广西壮族自治区企业科协数量增长较快，2021年新建企业科协数量分别为1358个、590个。

在组织形态方面，近年来，中国科协和各级地方科协以服务企业技术创新为着力点，不断创新企业科协组织形态，积极推动和加强园区科协、企业科协联合会、企业联合科协、企业科协工作站和企业科技联合体等新型企业科协组织建设，企业科协组织形态日趋多样。

在运行机制方面，绝大多数企业科协都建立了较为完备的章程及工作制度，能够按时召开会员代表大会和委员会会议。

在工作条件方面，超过80%的企业科协有固定的办公地点，约四分之三的企业科协有专职工作人员，约三分之二的企业科协有专门的工作经费。这些条件为企业科协各项工作的开展奠定了良好基础。

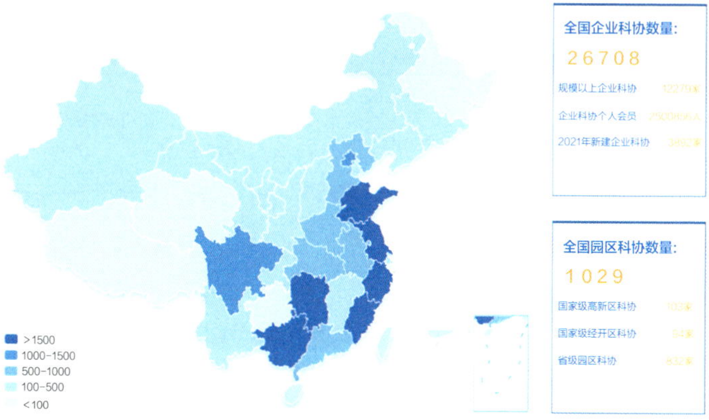

注：统计数据截至2021年底

三 企业科协和企业的关系

作为企业科技工作者自愿组成的群众组织，企业科协与企业正在围绕技术创新形成紧密的共生关系。一方面，企业是企业科协发展的“大本营”，企业科协要想在企业中立足并有所作为，前提就是得到企业的认同与支持。另一方面，企业技术创新能力的提升，需要企业科协积极发挥“科技服务器”的作用。

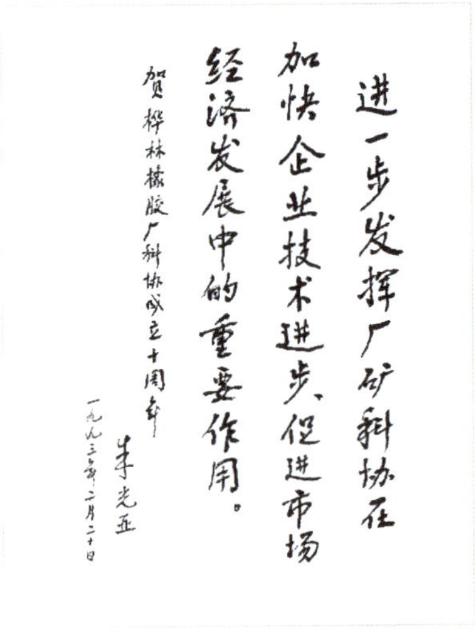

1993年，第四届中国科协主席朱光亚为桦林橡胶厂科协成立十周年题词

6 企业为什么需要企业科协？

企业科协是企业创新的“助推器”，既能帮助企业融入外部创新网络，集聚外部创新资源；又能优化企业内部创新体系，营造协同创新氛围并构建和谐稳定的工作环境，为企业技术创新提供内生动力。

企业汇聚外部创新要素需要企业科协

科协系统是一个具有丰富和优质资源的纵横交错的网络体

系，企业可以通过建立企业科协来融入这个庞大的创新网络之中。企业科协在纵向上积极与各级科协组织保持联系，将企业接入科协创新生态体系，并在其中不断实现优化发展；在横向上与高校、科研院所等建立密切的合作关系，依托院士专家工作站、海智基地等平台，不断为企业获取人才、技术等影响企业技术创新的关键要素，推动形成以企业为主体、市场为导向、产学研用深度融合的技术创新体系。

企业营造协同创新氛围需要企业科协

技术创新是企业得以生存和发展的基础，科技工作者是企业技术创新的主体力量。企业要提升技术创新能力，就需要营造良好的协同创新氛围。企业科协积极组织包括知识产权、创新方法在内的各类培训，举办各类学术讲座和创新创业大赛，开展学术、技术交流和各类评先、推优等活动，不断激发企业科技工作者创新活力；帮助企业和企业科技工作者申请专利，推动企业科技成果转化，促进产业升级与创新发展；将研发、中试、生产等不同部门的企业科技工作者团结在一起，共同研究和探讨影响企业技术创新的关键问题，构建打破部门隔阂的协同创新氛围。

湖南省企业“创新达人”宣讲活动

企业建立和谐有效管理需要企业科协

在企业科协的团结与引领下，广大企业科技工作者能够将个人成长、企业创新同党和国家的发展紧密联系起来，在推动科技成果转化应用和促进企业自主创新能力提升的同时，积极投身于推动新时代中国特色社会主义事业不断发展的伟大实践中。这种个人价值向社会价值的有效转化、个人进步与企业发展目标的统一，构建起了科技工作者、企业和国家之间的命运共同体，为企业建立和谐稳定的内外部环境提供了有力保障。

7 企业科协和企业科技部门有什么不同?

关注人和关注事的区别

企业科协以企业科技工作者为中心，不仅从事业发展上服务科技工作者，更从情感上贴近科技工作者；而企业科技部门以项目为中心，更注重具体业务和绩效指标。

开放性和独立性的区别

企业科协采用大联合、大协作的方式开展工作，在企业内部可以打破层级、部门隔阂，还可以通过融入科协组织网络，开展对外合作，为科技工作者实现跨领域、跨学科的协同创新构建起柔性的环境和开放的工作机制；而企业科技部门与其他部门的职责分工和工作界限比较明确，相对而言具有独立性。

主动式和被动式的区别

企业科协为科技工作者营造自由平等的工作环境并提供思想交流的平台，使企业科技工作者摆脱自身岗位的限制，真正做到主动思考、主动工作，有利于激发企业科技工作者的创新灵感和创造活力，增强企业科技创新的原动力；而企业科技部门主要按照科技工作者的岗位职责指派工作，不在特定岗位的科技工作者一般没有参与相关工作的机会和条件。

	企业科协	企业科技部门
关注人和关注事的区别	以企业科技工作者为中心，不仅从事业发展上服务科技工作者，更从情感上贴近科技工作者	以项目为中心，更注重具体业务和绩效指标
开放性和独立性的区别	采用大联合、大协作的方式开展工作，在企业内部可以打破层级、部门隔阂，还可以通过融入科协组织网络，开展对外合作，为科技工作者实现跨领域、跨学科的协同创新构建起柔性的环境和开放的工作机制	与其他部门的职责分工和工作界限比较明确，相对而言具有独立性
主动式和被动式的区别	为科技工作者营造自由平等的工作环境并提供思想交流的平台，使企业科技工作者摆脱自身岗位的限制，真正做到主动思考、主动工作，有利于激发企业科技工作者的创新灵感和创造活力，增强企业科技创新的原动力	主要按照科技工作者的岗位职责指派工作，不在特定岗位的科技工作者一般没有参与相关工作的机会和条件

总的来看，相对于企业科技部门而言，企业科协可以发挥跨层级、跨部门的组织优势，为所有科技工作者发挥聪明才智创造舞台，保障他们平等参与技术创新的权利，有利于更好地激发企业科技工作者的创新灵感和创造活力。

8 企业科协和企业其他群团组织有什么不同?

企业科协与企业工会、团委、妇联等其他群团组织相比，既有共性，也有差异。

共性在于，企业科协与企业其他群团组织都是企业党组织领导下联系群众的桥梁与纽带，都是以某一类或某一特定人群为联系和服务对象。

差异在于，相对于企业其他群团组织而言，企业科协通过服务企业科技工作者，直接或间接推动企业的科技进步和技术创新，有利于群团工作和业务工作有机融合、相互促进。富有竞争力的企业是高质量发展的微观基础。充分发挥创新主体作用，不断提升技术创新能力，是新时代赋予企业的使命和任务。为了推动企业更好顺应科技创新发展的时代需要，企业科协以服务科技工作者、服务企业技术创新为着眼点，一方面激发内部创新热情和创造活力，另一方面着重运用和发挥科协组织网络优势和技术人才优势，推动各类创新要素向企业集聚，促进产学研结合，与企业科技创新和生产经营的联系相对较多。而工会、团委、妇联等群团组织，以关注服务对象的日常学习、工作、生活需求为主，侧重于提供维权服务以及开展与服务对象角色相符的群众性活动等，与企业技术创新的直接联系较少。

第二章

企业科协怎么建

2011年5月27日，中国科协第八次全国代表大会在北京召开，习近平同志代表党中央作了题为《科技工作者要为加快建设创新型国家多作贡献》的祝词。习近平同志在祝词中指出，“科协组织要继续着眼于建设科技工作者之家、当好科技工作者之友，更好地加强自身建设。要按照哪里有科技工作者、科协工作就做到哪里，哪里科技工作者密集、科协组织就建到哪里的要求，扩大科协组织覆盖面和影响力”。

企业是创新的主体，企业科技工作者是国家创新体系中的宝贵财富和重要资源。充分认识企业科技工作者的价值，建好企业科技工作者之家，对加快建设世界科技强国意义重大。

一 企业科协的建立

承认《中国科学技术协会章程》、拥有一定数量科技工作者的企业，经企业党组织同意，可向党组织关系所在地的地方科学技术协会申请建立企业科协。未建立党组织的，经企业决策层同意，可向企业所在地的地方科学技术协会申请建立企业科协。

9 建立企业科协的步骤有哪些？

目前，企业科协的建立普遍采用审批制。拟建立科协组织的企业，可向企业党组织关系所在地的地方科学技术协会提出建立科协组织的申请，经批复同意后即可建立企业科协。

为进一步推进企业科协建设，中国科协鼓励地方科协结合实际情况，优化企业科协建立的审批程序，如探索实践企业科协备案制度。在实行备案制的地区，一般来说，企业科协的建立只需在企业党组织或决策层批准同意后，按照所在地的科学技术协会的要求完成相关流程并提交基本情况说明等材料进行备案即可。

审批制的建立流程

1. 企业成立企业科协组建筹备组，启动建立企业科协有关工作。

2. 筹备组准备相关材料，包括企业科协章程（草案）、第一届委员会和领导机构候选人建议、第一次会员代表大会筹备方案等，报企业党组织或决策层审批。

3. 企业党组织或决策层同意组建企业科协后，筹备组向企业党组织关系所在地的科学技术协会报送相关材料，具体包括：申请报告或申请表、企业科协章程（草案）、企业党组织同意建立企业科协的有关文件等。

4. 企业党组织关系所在地的科学技术协会负责审阅企业报送材料，如果材料没有问题，则在完成审批程序后下达关于同意企业建立科协组织的批复；如果材料有不齐全的地方，通知企业补充相关材料。

5. 企业收到关于同意建立企业科协的批复后，择机召开企业科协成立大会，选举企业科协领导机构，企业科协正式建立。

备案制的建立流程

1. 企业成立企业科协组建筹备组，启动建立企业科协有关工作。

2. 筹备组准备相关材料，包括企业科协章程（草案）、第一届委员会和领导机构候选人建议、第一次会员代表大会筹备情况等，报企业党组织或决策层审批。

3. 企业党组织或决策层同意组建企业科协后，召开企业科协成立大会，选举企业科协领导机构。

4. 企业科协筹备组向企业党组织关系所在地的科学技术协会报送相关材料，包括企业简介、企业科协章程、第一届委员会名单、主席和副主席简历等，经审核通过后即完成备案流程。

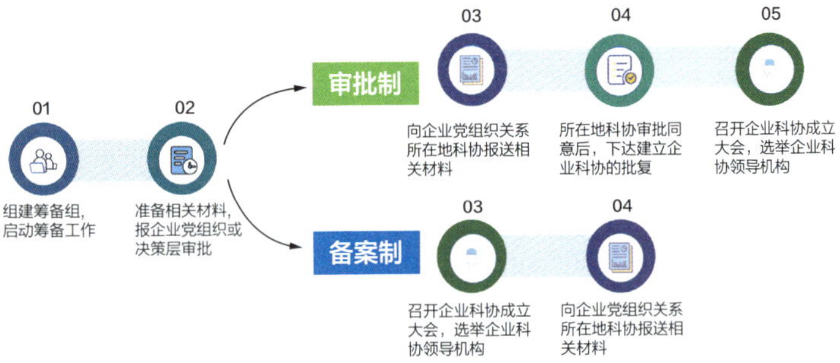

建立企业科协的一般程序

按照加快“智慧科协2.0”建设、推动各类业务数字化转型的整体部署，各级科学技术协会应积极运用信息化手段开展企业科协的审批、备案、登记等工作，在中国科协搭建的企业科协信息化平台（企业科协综合服务系统，http://qykx.scei.org.cn）上开展相关管理和服务工作，进一步优化企业科协建立的审批或备案程序，实现企业科协工作效能和服务水平的双提升。

10 企业科协的章程包括哪些内容？

企业科协章程要按照《中国科学技术协会章程》《企业科学技术协会组织通则》的有关要求，参照党组织关系所在地的地方科学技术协会的实施细则及相关规定，结合本企业的实际情况制定。

具体来讲，企业科协章程主要包括总则、任务、会员、组织机构、经费、附则等内容。

企业科协章程

制定或修改要由企业科协会员大会或会员代表大会表决通过

总则

明确企业科协的名称、性质、宗旨、办会方针和领导关系等

任务

明确企业科协的工作内容和主要任务

会员

明确会员的条件、会员的权利和义务以及会员入会和退会的相关要求

组织机构

明确会员(代表)大会的职责、企业科协委员会及常务委员会和秘书处的产生办法和主要职责

经费

明确企业科协经费及财产的来源以及使用和管理的相关要求

附则

明确企业科协章程的适用范围、解释权归属及生效程序等

11 企业科协的组织机构包括哪些方面？

作为企业科技工作者自愿组成的群众组织，企业科协的组织机构主要包括两个方面：一是领导机构，二是工作机构。

领导机构

企业科协领导机构负责统领企业科协的发展方向并决定企业科协的重要事项，既包括会员代表大会，也包括委员会及常务委员会。委员会（或常务委员会）一般设有主席、副主席、（常务）委员等职务，其中主席一般由具有一定行政职务和资源调配能力的领导担任，如企业的董事长、总经理、副总经理等。此外，企业科协还可以聘请有关领导专家担任名誉主席、顾问等职务。

工作机构

企业科协工作机构主要包括两种类型：一是处理企业科协日常事务的办事机构，主要指秘书处或办公室，包括秘书长、副秘书长及一般工作人员等，秘书处可设立专职工作部门，如会员部、宣传部、科普部等；二是（常务）委员会下设的分支机构，如技术创新专业委员会等。

二 企业科协的领导机构

领导机构是企业科协工作有序开展的重要保障。企业科协会员代表大会及其选举产生的委员会是企业科协的领导机构。企业科协的最高领导机构是企业科协会员代表大会，大会选举产生企业科协委员会、常委会和主席、副主席等领导班子成员。

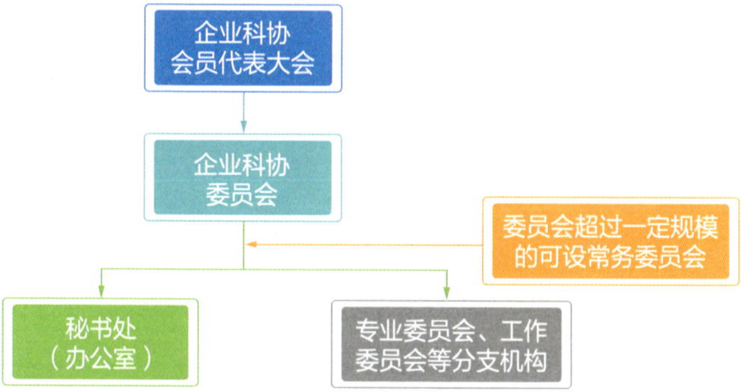

12 企业科协会员代表大会的权利和职责有哪些?

按照企业科协章程，企业科协会员代表大会行使下列职权：

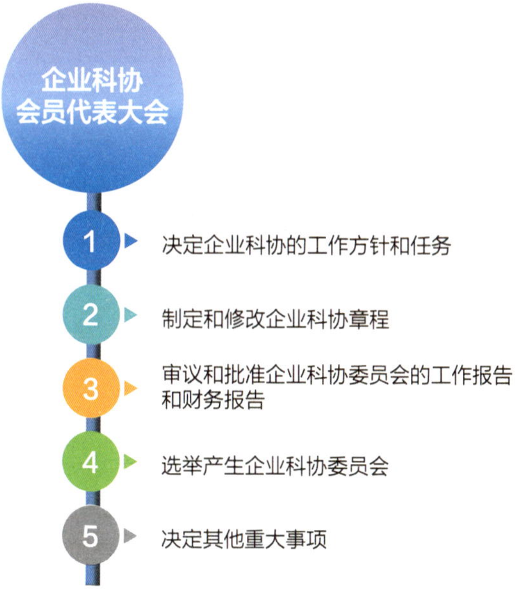

中国交通建设集团有限公司科学技术协会代表大会

企业科协会员代表大会每三至五年召开一次，由企业科协委员会召集。科技工作者少于100人的企业科协可直接召开全体会员大会。会员代表大会召开后一个月内，企业科协应向批准其建立的科学技术协会报送选举结果和企业科协章程修改等基本情况。

组织和召开企业科协会员代表大会的具体流程如下：

1 **做好相关筹备工作**

做好代表的选举工作，推荐好科协委员会委员候选人，准备大会的相关文件和资料等

2 **召开会员代表大会筹备会议**

向各位代表报告大会筹备工作情况，通过大会主席团名单及大会议程

3 **召开会员代表大会**

宣读上届委员会的工作报告，选举新一届科协委员会委员

13 企业科协委员会的权利和职责有哪些？

企业科协委员会由企业科协会员代表大会选举产生。企业科协委员会设主席一人、副主席若干人，候选人人选由企业党组织提名。未建立党组织的，由企业决策层提名。主席、副主席人选应具备较高学术、技术水平和较强组织领导能力。

企业科协委员会会议应定期召开，由企业科协主席召集。委员会会议须有三分之二以上委员出席方能召开，其决议须经到会委员二分之一以上表决通过方能生效。

企业科协委员会的主要职责包括以下方面：

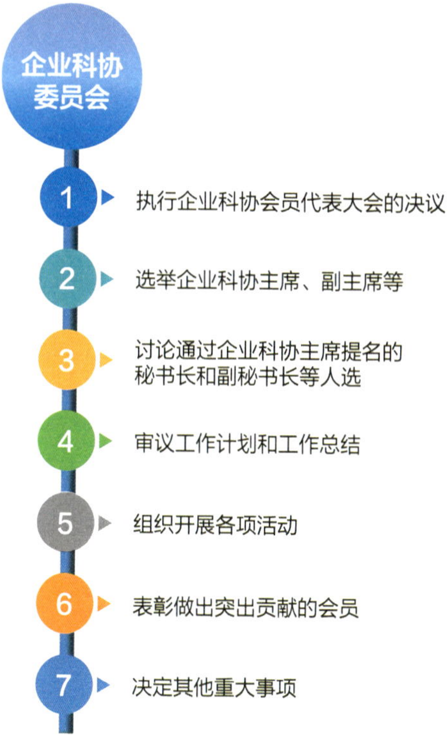

企业科协委员会委员超过一定规模的可设立常务委员会。常务委员会委员名额及候选人产生方案由召集代表大会的委员会决定，报企业党组织同意。未建立党组织的，报企业决策层同意。委员会闭会期间，常务委员会领导企业科协的工作，完成企业科协委员会确定的任务。

企业科协委员会根据工作需要，可设置若干工作委员会和专门委员会，协助审议需经委员会或常务委员会审定的有关事项。

三 企业科协的办事机构

企业科协的办事机构为秘书处（办公室），秘书处（办公室）在委员会（常务委员会）的领导下负责企业科协的日常工作。

14 企业科协秘书长如何产生？

企业科协秘书长是秘书处（办公室）的主要负责人，一般应由热爱科协工作、熟悉国家科技政策、沟通能力较强的科技工作者或企业管理人员担任。秘书长负责企业科协日常工作的策划、组织和实施，要对企业科协事业有高度的认同感和责任感，要有较强的组织、服务和协调能力，能对企业科技工作者在实际工作中遇到的困难问题提出妥善具体的解决方案。

企业科协秘书长产生流程如下：

1. 由企业科协主席提名；
2. 经企业科协委员会或常务委员会表决通过。

15 企业科协秘书处如何组建？

企业科协秘书处（办公室）负责统筹协调企业科协的各项业务和日常工作，组织召开各类会议和举办相关活动。除秘书长外，秘书处（办公室）还包括副秘书长及其他一般工作人员。与秘书长一样，副秘书长也由企业科协主席提名，经委员会（常务委员会）表决通过后产生。其他一般工作岗位宜选配热心科协工作、具有奉献精神、熟悉科技管理并具有较强组织协调能力的人员担任。

具备条件的企业应为企业科协秘书处（办公室）设置专职工作岗位，配备专门办公场所和相关办公设施。在利于工作开展的前提下，秘书处（办公室）可根据具体业务设置相关部门，如组宣部、科创部、科普部、培训部等。

中国交通建设集团有限公司科协下设党工部（宣传文化部）、组织人事部、财务部、科学技术部、海外部等5个部门。各部门职责如下：

党工部（宣传文化部）

负责党群工作，承担新闻宣传工作，组织开展科学家精神宣传，宣传优秀科技工作者，推进创新文化建设，指导开展网络宣传。推进科技伦理、科技道德和学风建设，维护科技工作者合法权益。承担意识形态工作责任落实职责，分析研判科技界舆情动态。

组织人事部

统筹组织建设工作，研究拟定组织建设制度，推进科协基层组织发展。承担人才工作，组织表彰优秀科技工作者，举荐科技人才，推进科技人才队伍建设，负责干部人事管理、教育培训工作。

财务部

负责协会经费支出审批、审核、经费收支的会计核算和管理。负责资产的价值管理，组织年度预算、财务报告、决算报告、资产报告等编制工作，承担有关财务监督工作。

科学技术部

指导开展学术交流活动，组织协调综合性重点学术交流合作。协调搭建科技工作者创新创业创造平台。指导开展科普活动，推动科普工作队伍和科普信息化建设。指导决策咨询和智库建设。承担重点工作的统筹协调、督查督办。

海外部

承担科学家在国际科技组织任职、履职的服务工作，推动在华设立国际科技组织。负责外事管理工作，审核外事活动项目，负责外事服务工作。

四 企业科协的分支机构

企业科协委员会（或常务委员会）可根据工作需要设置若干工作委员会（或专业委员会）和学组等分支机构。分支机构是企业科协做好会员工作、服务好企业科技工作者和企业技术创新的重要支撑。建设好分支机构，是增强企业科协服务能力的重要抓手。

16 工作委员会的职责和设置程序是什么？

工作委员会是企业科协为巩固和扩大企业科协组织基础和开展相关业务工作而设立的分支机构，是企业科协开展会员管理、组织建设、专业服务等工作的重要依托，具体可分为组织工作委员会、学术工作委员会、科普工作委员会、咨询工作委员会等，负责开展“科技工作者之家”建设、学术活动、咨询服务等工作。

工作委员会的设置程序主要包括三个步骤：

1 **提出计划**

根据企业科协工作需要提出具体要设立的工作委员会

2 **表决通过**

工作委员会由主任、副主任和委员若干人组成，其成立及人员组成由企业科协委员会（或常务委员会）表决通过

3 **健全体系**

明确工作委员会的组织架构，健全管理制度，强化服务职能

中国联通科协下设网络创新工作委员会、数字化创新工作委员会、政企创新工作委员会、公众创新工作委员会和学术交流工作委员会等五个工作委员会。五个工作委员会横向协调，从网络创新、数字化创新、政企创新、公众创新、学术交流等方面服务公司科技工作者，组织符合特色的科普宣传活动，在集团范围开展创新成果推广与学术交流活动。

中国联合网络通信集团有限公司科学技术协会成立大会

17 学组的设置原则与职责是什么？

学组是企业科协内部以企业科技工作者自愿参加为前提、以“资源、技术、经验的分享”为核心、以共同愿景和互帮互助为纽带、以学术交流和共同学习为主要内容的分支机构。

设置学组是企业科协开展工作的重要举措。设立学组需由常委会研究决定，并遵循以下原则：

学组内可设学组组长、副组长、秘书等不同角色。组长一般应由具有较强组织能力和合作意识的科技工作者担任，其主要职责是确定学组的发展目标、主要任务和工作原则，并对本组成员进行分工；秘书的主要职责是组织全组人员有序地开展交流讨论、实际操作等各类活动。

江西洪都航空工业集团有限责任公司历来注重企业的技术储备和专业发展，不断加大研发投入力度，提升企业技术创新能力。公司科学技术协会自1984年成立时就设立了学术工作委员会，目前设置有材料工程、航空电子、总体气动、飞行系统与试验、制造工程、信息技术、结构强度、科技情报、控制与制导、机动、管理科学、综合保障等12个专业分会（学组）。每个专业分会有主任委员1名、副主任委员2—3名、委员5—6名、秘书1名。各专业分会聚焦航空科技前沿热点，紧紧围绕企业科研、生产、经营以及技术创新的实际需求，组织开展各种类型的学术活动，并向外对接中国航空学会36个专业分会，形成涵盖公司技术体系的学术交流机制，打造了“洪都新技术大讲堂”“青年科技论坛”“主任师上讲台”等活动品牌。

由洪都集团参与主办的2019年中国航空学会舰载机分会年会暨飞行人才早期培养论坛在江西南昌举行

第三章

企业科协怎么干

中国科协2022年6月发布的新版《企业科学技术协会组织通则》明确指出，企业科协的宗旨是：以习近平新时代中国特色社会主义思想为指导，贯彻落实新时代党的组织路线，立足新发展阶段，贯彻新发展理念，构建新发展格局，推进高质量发展，促进企业科技人才的成长，促进企业技术创新和转型升级，促进科学技术的普及和推广，促进科技智库作用的发挥和彰显，把企业科技工作者团结凝聚在党的周围，自觉履行高水平科技自立自强的使命担当，为全面建设社会主义现代化国家、实现中华民族伟大复兴的中国梦而努力奋斗。这一宗旨为企业科协明确总体目标和工作重点，以及选择适合自身的工作方法指明了方向、提供了依据。

一 明确工作定位

企业是企业科协发展的“大本营”。企业科协的建设和发展，既离不开中国科协和各级地方科协以及相关部门的重视，更离不开企业党组织和管理层的关心和支持。作为科技工作者的群众组织，企业科协只有在服务企业创新发展方面做出真正的贡献，才能获得企业管理层更多的支持和认可，进而为自身发展争取良好的外部环境，切实履行好团结联系服务科技工作者的职责使命。

18 如何找准企业科协工作的切入点?

为企业技术创新服务和为企业科技工作者服务是企业科协的工作重点，也是体现企业科协价值的主阵地。在实际工作过程中，企业科协要正确处理好为企业技术创新服务和为企业科技工作者服务的关系，找准为企业创造价值的角度和领域。

从服务企业技术创新的角度来看，企业科协要为满足企业技术创新需求而集聚创新资源。科协系统拥有的人才和技术资源与企业创新发展有着内在联系，企业科协要依据企业发展战略和中心工作，充分利用科协组织优势与资源优势为企业技术创新能力的提升做好相关服务。

从服务企业科技工作者的角度来看，企业科协要为满足企业科技工作者成长成才需求而搭建各类平台。为企业科技工作者服务是企业科协的初心和使命，是企业科协的价值之“根”。企业科协要把企业科技工作者最关心的问题作为工作的切入点，急其所急，想其所想，找准服务的方式方法，使科技工作者“既有科技创新的成就感，又有成果转化收益分享的获得感”，进而实现科技工作者成长成才与企业发展的同频共振。

19 如何通过做好企业创新服务彰显企业科协价值?

激发创新活力

1 营造百花齐放、百家争鸣的创新氛围，让科技工作者人人享有同等机会参与企业技术创新活动，充分激发每一位科技工作者的创新热情和创造活力。

2

推动协同创新

通过大联合、大协作，实现跨地区、跨部门、跨单位、跨专业、跨行业的跨界融合创新。

3

开展学术技术交流

举办各种学术交流和技术攻关活动，将科技工作者的成长成才与企业的创新发展紧密结合起来。

4

解决实际问题

做科技工作者和企业需要，而其他部门不具备条件或能力做的事情，充分发挥科协系统资源优势解决企业发展实际问题。

5

做好企业决策层的参谋

认真思考研究企业技术创新的本质和内涵，就企业科技发展战略提出有益建议。

6

建设企业创新信息化管理服务平台

通过信息化手段提升服务企业创新的工作效能，建设符合新时代要求的网上科技工作者之家，让每一位科技工作者都可以在线建立自己的个人成长与知识贡献档案。

二 畅通内部沟通

企业的技术创新能力在很大程度上取决于企业科技工作者的主观能动性能否得到充分的发挥，而企业科技工作者主观能动性的发挥很大程度上取决于企业管理层能否对科技工作者提出的呼吁和倡议给予有效的反馈。因此，企业科协要想在提升企业创新能力上有所作为，首先应该注重搭建内部交流平台，在畅通企业科技工作者与企业管理层沟通渠道的同时，更好地帮助企业整合内部各类创新资源。

20 如何畅通企业科技工作者和企业管理层之间的交流沟通渠道?

企业科协应在企业科技工作者和企业管理层之间发挥枢纽、协调、服务作用，促进两者之间的沟通与联系，进一步增强企业对科技工作者的凝聚力，更好地争取科技工作者对企业发展的支持。

一方面

企业科协要建立健全科技工作者表达利益和诉求的机制，及时了解企业科技工作者的思想动态和现实需求，并形成切实可行的研究报告反馈给企业决策层，为企业制定人才培养计划、完善人才激励机制等提供决策参考。

另一方面

企业科协应协助企业决策层面向科技工作者传达、贯彻企业发展的战略决策，使企业科技工作者更及时、准确地了解企业发展的总体思路与工作部署，从而更全面、深入地参与企业技术创新活动。

中国移动科协举办的云座谈活动，为科技工作者搭建了与公司领导面对面交流的平台。

2020年5月22日，中国移动科协组织的首场云座谈活动在中国移动研究院举办。活动采取现场参与和云围观相结合的方式，26名员工代表现场参与，300多名员工线上参与。中国移动高同庆副总经理与研究院员工进行了深入的交流和座谈，技术部王晓云总经理、研究院张同须院长在现场参加了活动。针对研究院员工通过现场和线上提出的普遍关注的问题，高同庆副总经理深入浅出地阐述了公司在队伍建设、机制改革、发展期望、研发协同、成果转化、智库建设、高校合作等方面的思路和策略，并为广大科研人员答疑解惑，传授经验，鼓舞信心。

中国移动科协开展的云座谈活动，为广大员工搭建了与公司领导近距离接触的平台。通过线上线下相结合的方式，不在现场的员工也可参与其中，有利于集团领导和更多的员工参与讨论和交流，有利于集团领导更好地了解科技工作者的意见和建议，有利于提升科技工作者的归属感、获得感、成就感，从而更好地调动一线科技工作者的积极性和创造性。

21 如何搭建企业不同部门科技工作者之间的交流沟通平台？

搭建共享交流平台。技术研讨和成果共享是促进科技工作者专业素养提升的重要法宝。企业科协可通过举办各类研讨交流活动，促进不同研究领域、不同部门科技工作者的交流互动。通过建立网络化的知识库，集成工作历史数据、实践经验及研究成果，促进科技成果的共享与科研经验的传承，使一代代科技工作者能够站在前人肩膀上前进。

中国石化长岭炼化公司科协建立的“炼油化工知识管理系统”在线交流平台，通过推动资源共享、挖掘隐性知识潜能，已成为企业积累专业管理经验、培养集体创造力和提升企业核心竞争力的重要平台。长炼科协现有专业技术学组22个，会员2730人。各专业技术学组结合日常工作，每月至少在平台上组织一次学术交流研讨活动，主题包括油品质量升级、装置优化调整、技术难题攻关、人才培养等，技术发展部、生产技术部、机动设备部等专业处室领导带头参与，对鼓励技术人员参与交流分享起到了极其重要的作用。平台投用14年来，建立了《知识论坛管理制度》《知识论坛奖励办法》等制度，并通过每季度评选“优秀版主”“论坛之星”“精华帖”和年终评选“特殊知识贡献奖”，激发了广大科技工作者的交流研讨热情，真正成为了企业科技工作者之间无障碍交流的通道和展现智慧的平台。

搭建协同创新平台。企业科协可通过在企业内部积极组织开展“揭榜挂帅”、创新方法大赛等各类群众性技术创新活动和建设科技创新工作室等方式，打破岗位限制，促进跨部门合作，让科技工作者得到更多施展才华和抱负的机会，汇聚起合力攻坚的团队力量。

胜利油田科协通过开展技术咨询服务工作，为科技工作者答疑解惑，各二级单位内部可以解决的问题，就由老师傅们点对点进行指导，解决不了的技术难题就去山东省石油学会组织的“专家库”里找专家。同时，胜利油田还设有线上平台，平台分为采油工程、地质工程等多个专业类别，方便基层科技工作者在线上进行即时讨论，企业决策层还可通过平台与科技工作者进行互动。

三 汇聚外部资源

当前，我国已转向高质量发展阶段，各类企业迫切需要引进高端人才和先进技术。凭借自身的资源优势，企业科协在这方面大有可为。从理论上来说，任何一个企业只要建立了科协组织，就可以通过融入科协庞大的组织网络体系联系到全国顶尖的人才和技术资源，并将这些资源向企业集聚，从而不断提升企业的技术创新能力。

22 如何汇聚高端人才资源？

人才是支撑事业发展的第一资源。企业科协不仅要高度重视企业内部科技人才的培育培养，还要通过各种方式汇聚外部高端人才资源。

1 建立广泛的高端人才联系渠道，全面收集高端人才信息，建设企业科协智库。

2 定期邀请行业顶尖专家学者参加企业组织的科技论坛、学术讲座，形成与专家学者交流合作的长效机制。

北京市华都峪口禽业有限责任公司科协举办中国家禽行业创新项目研讨会

3 发挥科协组织网络和人才资源优势，以院士专家工作站、全国和省级学会服务站等为载体，引进高端智力资源；推动院士专家创新团队与企业技术研发团队合作开展把关定向、重点攻关等，提升企业研发能力和核心竞争力。

23 如何汇聚高端学术资源？

1 通过科协网络体系汇聚高端学术资源

积极关注中国科协、地方科协以及各级学会在学术工作方面的动态和进展，如中国科协组织编写的年度重要学术会议指南。

2 通过举办高端学术活动汇聚高端学术资源

积极争取在企业内部组织举办高端学术活动，并以此汇聚一批高端学术资源。

3 通过走访调研挖掘汇聚高端学术资源

企业科协要多走出企业，走访调研学术资源丰富的组织和机构，收集有关高端学术资源。

4 通过参加高端学术活动汇聚高端学术资源

企业科协应当积极参加外部的各种高端学术活动，加强与高端学术资源的联络。

24 如何汇聚先进技术资源？

1 融入协同创新组织

积极协助企业加入产学联合体、企业科技联合体、协同创新共同体、高新企业联合体等各类协同创新组织，强化交流合作，有效对接学会、高校、科研院所和其他企业的先进技术资源。

2 打造“联合创新”模式

积极协助企业加强创新要素整合，通过与其他企业组建联合实验室、技术研发中心、检验检测中心等，围绕关键共性技术问题开展联合攻关，促进技术创新和交易专业化、国际化，推动形成成果转化组织网络和融合创新生态。

3 创新产学研合作机制

积极协助企业打破产学研常规合作模式，采用市场化手段转化高校和科研院所科技成果。

四 强化自身建设

随着创新驱动发展战略的深入实施，科学、高效的管理已经渗透到企业经营活动的各个层面，企业科协的运行也同样如此。科学的内部管理是企业科协顺利开展各项工作的前提，关系到“四服务”职责的有效履行。企业科协只有建立科学、先进的内部管理机制和模式，不断强化自身建设，才能够在企业转型与变革中立于不败之地。

25 企业科协的业务管理主要包括哪些内容?

针对企业科技工作者的意见建议和企业创新发展的实际需求开展好相关业务是企业科协立足的根本。为推动相关业务顺利开展，企业科协秘书处需要做好以下三方面工作。

一是制定业务开展计划。每年年初的时候，企业科协秘书处对企业科协全年的工作要有一个总的计划和安排。为了让工作计划更有针对性，秘书处可以对科技工作者进行问卷调查，了解他们的意见和建议；可以与企业决策层进行充分沟通，了解决策层对年度重点工作的考虑和希望科协组织在其中发挥的作用。除了与决策层和科技工作者两个方面做好沟通，秘书处还要及时了解相关外部信息，比如中国科协和地方科协准备开展的相关活动以及工作中的新思路、新想法等，从而为全年工作的开展制定出一个较为合理的计划。

二是每一项工作要落实到位。工作计划制定好之后，关键是要执行。执行计划需要重点考虑的几个问题是：一是每项工作要有合适的负责人，选准负责人是保证活动成功的关键；二是要为每一项工作的完成争取相关的资源，包括争取决策层的支持、争取相关部门的支持等；三是要为每项工作制定详细的工作方案，明确每项任务的具体负责人和具体要求。需要特别说明的是，为保证各项工作落实到位，企业科协秘书处要建立起会员管理、专委会工作、学组管理、专家智库管理等相关制度，并围绕学术交流、技术攻关、人才培养、群众性技术创新活动、科学普及等业务制定相关管理办法，从而规范业务开展流程，提升业务服务效能。

三是做好评估与反馈。每一项工作做完后，秘书处都要对工作本身的完成情况以及达到的实际效果进行评估。评估可以从以下几个角度进行：是否按时完成了相关工作；是否充分调动了企业科技工作者参与相关工作的积极性；参与活动的每位科技工作者是否有收获；活动对企业技术创新能力的提升是否起到了积极作用等。不仅一项工作做完后需要做好评估，每过一段时间也需要做好阶段性评估，并根据评估的具体情况就下一步的工作计划和方案提出修改意见。

因此，企业科协要开展好业务工作，秘书处要围绕业务工作的计划、执行、评估和反馈等多个方面，不断总结、反复思考，从而持续提升每项工作的实际成效。

26 企业科协的日常运行主要包括哪些内容？

围绕企业科技工作者和企业技术创新的具体需求开展好业务工作，是企业科协的主要任务。为了完成这些任务，企业科协需要组建合适的人才队伍、准备相关的财物资源等。为此，企业科协秘书处必须做好人员、财务、资产等方面的管理工作，保证企业科协的正常运行。

做好日常运行工作，最为关键的是制定相关制度，并建设良好的企业文化。一方面，企业科协秘书处要按照《中国科学技术协会章程》《企业科学技术协会组织通则》的有关要求，参照所在地的科学技术协会的实施细则及相关规定，制定人员管理制度、财务管理制度、会议管理制度、文案管理制度、秘书处议事制度等基本制度，为企业科协各项工作的正常推进打牢制度基础；另一方面，企业科协秘书处还要制定相关的激励机制，充分调动每一位工作人员积极参与相关决策的积极性，营造轻松、愉快的内部工作氛围。

具体来讲，在人员管理方面，企业科协秘书处要根据自身业务发展需要设置相应岗位，并按照企业人事方面的规定招聘工作人员。一般来说，企业科协的工作人员主要包括专职工作人员和兼职工作人员两个部分。在举办较大活动时，还可临时招募志愿者。在财务管理方面，最为关键的是按照相关规定管理好经费，做到专款专用、账目清晰，保证有足够的经费来支持相关业务活动的开展。

第四章

企业科协干什么

《中华人民共和国科学技术进步法》指出，科学技术协会和科学技术社会团体按照章程在促进学术交流、推进学科建设、推动科技创新、开展科学技术普及活动、培养专门人才、开展咨询服务、加强科学技术人员自律和维护科学技术人员合法权益等方面发挥作用。《中国科学技术协会章程》指出，基层组织应立足自身特点，动员和组织科技工作者开展学术交流，普及科学技术，推广实用技术，助力创新驱动，服务大众创业、万众创新，及时准确反映基层科技工作者的建议、意见和诉求，建好科技工作者之家、广交科技工作者之友。

近年来，随着企业科协相关理论研究和实践探索的不断深入，企业科协的工作内容日益丰富，作用也日益彰显。总的来说，企业科协的具体工作包括开展学术交流、组织技术攻关、举办各类培训、评选举荐人才、普及和推广科学技术以及建设企业科技工作者之家等。

一 开展学术交流

学术交流是企业科协开展的一项基础性工作，目标是围绕企业的生产实践需要，组织开展多种形式的科学技术知识推广和分享活动，一方面营造有利于观点争鸣、思想碰撞的学术环境；另一方面促进产学研结合，推动科技成果转化为实际生产力。此外，学术交流还有助于激发企业科技工作者的创新灵感，培养其创造性思维，是企业储备人力资本的重要方式。

27 如何组织专业学术会议？

专业学术会议一般分为两种类型：

➤ 第一种是学术推广普及，目的是普及最新学术研究成果，主要以讲座的形式进行；

➤ 第二种是学术交流与观点分享，目的是交流开展学术研究的经验和体会，主要以宣讲、座谈等形式进行。

不管是哪一种学术会议，学术内容始终是决定会议质量的核心与关键。企业科协开展的学术交流，主要以企业的生产经营和技术创新推广以及相关科学知识、基础理论和前沿动态的分享为主要内容。因此，在举办学术会议前，需要结合实际，对选取的内容反复研究，确定主题，再据此确定会议形式和组织方式，有序组织会议。具体组织工作一般包括以下几方面内容：

1. **确定主题**
根据企业所处行业发展趋势及企业技术创新面临的问题，以服务企业和企业科技工作者需求为导向，有针对性地确定学术交流主题
2. **征集论文**
围绕主题，征集和评选论文
3. **落实人员**
根据活动内容合理确定参会人选，发放邀请函和活动通知
4. **交流讨论**
确定讨论议题，交流讨论的形式包括但不限于圆桌会议、分组讨论、主题沙龙等
5. **做好纪要**
写好会议纪要（学术综述），做好会议总结，就下一步深入研究提出科学性建议等
6. **成果运用**
编印论文集，分享给企业和企业科技工作者，扩大学术活动成果应用的范围

马钢（集团）控股有限公司科协积极发挥科协系统联系广泛的优势，为广大科技工作者提供交流的平台和机会。一是围绕公司发展战略，以问题为导向，聚焦重点产品和关键技术，邀请来自知名院校、相关企业、产学研合作单位的专家学者来公司开展技术讲座和学术交流，促进产学研用合作，助力公司破解难题。二是充分发挥马钢科协会员中公司高级技术主管、技术专家、优秀技术人员、首席技师等内部人才作用，开展不同类型、不同层次的专题技术讲座和学术交流活动，活跃学术氛围。三是遴选重点学术会议，选派科技工作者参加交流研讨，推荐发布学术论文。四是组织各基层科协和分会，聚焦市场和生产实践难点问题，开展形式多样、各具特色的技术讲座和学术交流活动，不断提高广大科技工作者的业务水平。

28 如何参与国际科技交流？

近些年来，随着我国科技事业与相关产业的快速发展，不少企业特别是大型企业参与国际科技交流、抢占世界科技前沿、引领科技发展方向的需求日益强烈。《中华人民共和国科学技术进步法》指出，国家鼓励企业和科学技术人员等各类创新主体开展国际科学技术合作与交流，促进国际科学技术资源开放流动，形成高水平的科技开放合作格局，推动世界科学技术进步。

企业科协开展学术交流除了邀请专家学者为企业科技工作者作学术报告外，还要紧紧抓住国际科技合作空间不断拓展的时机，结合企业自身发展需要，组织企业科技工作者参与国际科技交流，甚至主办、承办或协办国际科技交流活动，推动企业积极融入全球科技创新网络。

广西复鑫益生物科技有限公司科协在深圳国际高新技术展览交易会上开展技术推广活动

参与国际科技交流，特别是境外科技交流，要综合考虑企业科技创新需求和外事工作要求，以提高科技工作者学术水平、交流展示企业技术创新成果为目的，形成系统的参会管理流程：一是聚焦世界科技前沿，通过相关渠道提前获取、及时跟踪国际科技交流活动的资讯，并形成重点活动清单；二是结合企业发展情况和企业科技工作者实际需求，从清单中筛选出合适的国际科技交流活动，并与活动主办方取得联系，明晰报名条件和渠道等；三是细化实施方案，根据活动主题、内容、特点等，推荐或组织合适的科技工作者参与活动，并协助完成相关交流材料的准备工作；四是做好成果总结和共享，如建立专门的国际科技交流活动档案、组织参与活动的科技工作者在企业内部分享心得体会等，加强内部宣传，实现一人参会多人受益。

中国宝武钢铁集团有限公司科协下设由公司领导领衔、50多位企业科技人员为核心骨干的“宝武—世界钢协专委会”，积极参与世界钢协的各类活动，并在世界钢协会议上分享先进技术和管理理念，激发学术探讨和共鸣。宝武科协还紧扣钢铁行业发展的时代特征和技术热点、难题，密切跟踪国际高端技术信息，针对国际学术会议推荐报告人或专家参会，展现国内钢铁企业的研究水平，提高国内钢铁企业在国际舞台的话语权，近5年来共组团参加国际学术会议180余次、派遣233人次跨出国门。

二 组织技术攻关

技术攻关是企业实现技术创新和突破的重要手段，是企业持续稳定发展的有力保障。企业科协要在企业中发挥作用、体现价值、树立地位，必须发挥自身人才优势，紧紧抓住技术攻关这个核心业务，推动科协工作进入企业经营发展的“主战场”。

29 如何开展群众性技术创新活动?

群众性技术创新活动是指在企业内部，以职工自愿参加为原则，以提高经济技术指标、生产作业效率、职工劳动技能和操作水平为目标，通过合理化建议、技术革新、技术攻关和技术改进等形式开展的技术创新活动，如“讲理想、比贡献”活动。

开展群众性技术创新活动是激发企业科技工作者内在潜力、调动和发挥企业科技工作者积极性的有效举措。企业科协在企业内部联系广泛，理解科技工作者和企业决策层双方需求，具有开展群众性技术创新活动的天然优势。企业科协要大力倡导献身、创新、求实、协作的精神，发扬“传帮带、赶比超”的优良传统，搭建人人都有平等机会参与群众性技术创新活动的平台，并创建动态的、同行认可的激励机制与模式，帮助科技工作者实现创新梦想。

中国石化长岭炼化第六届科技论坛

企业科协开展群众性技术创新活动的一般流程如下：

1 **明确活动目的。**立足科协职责，坚持需求导向，确定活动目的，如弘扬创新精神、培育创新文化；节能降耗、创新增效、增强企业技术创新能力；调动科技工作者积极性、培育科技工作者责任心等。

2 **发布活动通知。**通知中要明确活动的人员参与范围、具体要解决什么问题等。如活动范围可以专委会（学组）为基本活动单位，组织动员全员自愿参与；活动内容可以是企业生产经营难点、堵点等技术问题。

3 **做好组织实施。**在实施过程中，要做好动员部署，积极为活动的举办创造良好条件，并严格制定相关管理与评审流程。

4 **开展总结表彰。**包括制定奖励办法、召开活动总结表彰会、做好宣传报道等。

西北永新集团科协大力提倡“科技为先导，创新追卓越”的精神，紧紧围绕资源节约、清洁生产、全面提高产品质量和安全水平等方面，组织实施“金桥工程”“企会协作”等群众性创新活动，重点解决生产经营中与技术改进、难题攻关、质量提升、能耗下降和新品应用相关的实际问题。活动通过比专业水平和技能、比科技创新项目质量、比科技成果转化效益，使广大技术人员在专业技能有所提升的同时创新意识进一步提高，还形成了一批具有创新性和实用性的技术成果。近5年共开展技术研发、技术创新项目189项，奖励优秀项目73项，其中“工业涂料用水性丙烯酸改性醇酸树脂的研发”“石化储油罐内壁防护涂层的设计及应用”等9个项目分获省市科技进步奖、金桥工程奖，并获得专利授权45项。

30 如何围绕解决技术难题开展“揭榜挂帅”活动？

“揭榜挂帅”基础在“榜”，核心在“帅”，关键在“机制”。企业科协组织开展“揭榜挂帅”活动，要坚持从解决科研和生产过程中的实际技术难题出发，提出关键核心技术项目并张榜公布；坚持“谁有本事谁就揭榜”“谁能干就让谁干”的机制，打破条条框框、打破创新“围墙”，把项目交给真正想干事、能干事、干成事的人才和团队。“揭榜挂帅”有助于针对最迫切的生产技术难题，最大限度地优化整合资源、激发创新动力，以最快的速度找到切实可行的解决方案。

企业科协组织“揭榜挂帅”活动的程序一般包括：

1 **定榜**。由企业科协牵头，广泛征集企业在科研和生产活动中遇到的技术难题，梳理形成“揭榜挂帅”项目清单，并制定“揭榜挂帅”工作方案。

2 **张榜**。将“揭榜挂帅”项目清单在一定范围内张榜公布，并通过召开专题会议等方式，讲透项目的意义和重点难点，充分吸引具备揭榜能力的个人和团队积极参与。

3 **揭榜**。积极组织团队或个人对接攻关项目，协助和指导有揭榜意向的对象明确攻关责任、拟定攻关方案、制定攻关措施，并通过一定形式举行揭榜仪式，签订揭榜承诺书，启动项目攻关。

4 **评榜**。评榜一般采取联合评审的方式进行，以解决问题成效为衡量标准，注重项目成果的落地性、实战性。

5 **奖榜**。经集中联合评审，对攻关成功的项目进行表彰和宣传，发挥示范带动作用。

中国石化巴陵石化公司2021年首批推出5个“卡脖子”项目、基础性研究项目和前瞻性项目进行“揭榜挂帅”试点，均“揭榜”成功。经过一年来的探索与实践，5个项目均取得实质性进展，公司“揭榜挂帅”流程和机制也越来越完善。2022年4月15日，巴陵石化公司召开第二届重点科研项目“揭榜挂帅”发布会，此次张榜的5个项目，突出需求导向和问题导向，与公司的发展规划紧密贴合，聚焦科研开发、生产运行中面临的核心技术难题。第二批重点科研项目张榜公示后，来自基层单位的8名科研骨干应标“揭榜”。发布会上，答辩者分别详细介绍项目必要性、可行性、技术路线、技术创新性、经济性和应用前景等，并根据项目需要提出组团设想和项目进度安排。经评审专家组综合评定，公司与成功揭榜的5名科研项目长现场签订“责任状”。

31 如何通过产学合作推动科技成果转化？

加强产学合作是解决我国科技与经济“两张皮”问题、加速科技成果转移转化的重要途径和方式，也是我国科技体制改革的重要内容之一。习近平总书记强调，要发挥企业出题者作用，推进重点项目协同和研发活动一体化，加快构建龙头企业牵头、高校院所支撑、各创新主体相互协同的创新联合体，发展高效强大的共性技术供给体系，提高科技成果转移转化成效。

科协系统是一个汇聚高端人才、技术资源的组织体系，企业科协应借助科协系统资源和平台优势，积极开展产学合作，推动科技成果转化，助力企业更好发挥创新主体作用。

近年来，各地企业科协在通过产学合作推进科技成果转化方面主要进行了以下探索：一是与高校、科研院所等机构加强联动，建立战略合作关系，推动共建实验室、孵化基地等科技成果转化服务平台；二是采取灵活的“用人方式”，积极引进高校人才、科研团队入驻企业，按照“需求为基础，项目为核心，企业为主体，实效为根本”的原则，有针对性地解决技术难题、推动成果落地转化。

广州大学城健康产业科技园投资管理有限公司科协，在2009年12月广州市番禺区政府和广东药科大学（原广东药学院）合作共建广州大学城健康产业产学研孵化基地的基础上，创造性地成立了产学研工作站，并联合园区企业与广东药科大学、广东工业大学、广州大学、华南理工大学等发起成立了大健康产业的创新联盟，围绕科技成果转化与“双创”开展了一系列工作：一是多渠道、多方位建设众创空间，积极推进科技成果转化成相关项目，然后入驻孵化基地；二是创新理念、大胆探索，不断完善全流程全生命周期的科技成果转化与企业孵化服务体系；三是加强沟通，拓展渠道，联合共建科技成果转化与产业加速器，为科技成果的产业化提供落地支持；四是积极融入“中国创新创业成果交易会项目对接成果转化基地”等平台，组织园区企业参加各类各层次的科技创新成果交易会，安排多家企业参与项目路演推介活动，同时推送园区项目参加番禺广播电视台主办的《大湾区智汇创业+》节目等，全方位推进科技成果转化。

三 举办各类培训

培训是提升企业员工创新能力的重要途径。企业科协在企业内部联系广泛，贴近一线科技工作者，较为容易掌握和收集他们真实的需求和问题，从而有针对性地设计培训方案，为企业培育创新型人才队伍作贡献。

企业科协开展相关培训应当以企业科技工作者成长和企业

创新发展的实际需求为出发点，既要充分考虑培训内容是否有针对性、对促进企业发展是否有价值，同时也要考虑科技工作者的接受能力，循序渐进地安排培训课程。企业科协一方面要充分利用科协系统的资源，为科技工作者争取尽可能多的外部培训机会；另一方面要积极邀请专家、学者在企业内部开展各类培训，有针对性地服务于企业科技工作者创新能力的提升。

江苏省常州市企业科技信息应用推广工作培训会

从内容来看，目前企业科协开展的培训活动主要有创新方法培训、知识产权培训、技术经理人培训等。

32 如何开展创新方法培训？

创新方法是人们通过研究有关创造发明的心理过程，在创造发明、科学研究或创造性解决问题的实践活动中总结提炼出的有效理论、方法、工具的总称，是提高再创新能力与创新成功率的利器。目前，理论体系较为成熟、应用较为广泛的创新方法主要有发明问题解决理论（TRIZ）、六西格玛、精益管理、实验设计法（DOE）、工业工程（IE）等。创新方法培训是提升企业科技工作者创新能力较为有效的方法和途径，也是营造创新氛围、激发创新活力的有力举措。

大连船舶重工集团科协举办2021年TRIZ理论创新工程师培训班

自2008年开始，中国科协依托全国学会、地方科协等组织，依靠科协组织网络体系和专家资源，面向企业开展以TRIZ理论为代表的创新方法的推广和应用，培养了一大批掌握创新理论和方法、具备较强科技创新和工程实践能力的一线创新工程师。2018年以来，中国科协、科技部已连续四年共同主办中国创新方法大赛，为推动一线科技工作者在研发生产和学习生活中应用创新方法搭建了良好平台。

在中国科协的带动下，各级地方科协也组织了各种形式的创新方法培训，并吸引了企业的积极参与。企业科协开展创新方法培训，一般需要注意以下几个方面：

一是培训内容，包括普及培训、应用培训、带题培训、解题培训、深度辅导、实战攻关等。

近年来湖南省企业科协联合会与湖南省工信厅以及市州工信部门、科协共同举办企业技术创新“破零倍增”（“破零”指企业的核心技术、发明专利破零，“倍增”指企业的成果转化效益倍增）系列活动，分别在长沙、郴州、株洲、岳阳、张家界等地举办“破零倍增”创新方法沙龙，在长沙高新区、望城经开区等5个国家级园区举办“破零倍增”创新方法大讲堂，累计参加人员2000余人，参加企业700余家，充分发挥了企业科协组织在助推科技经济深度融合方面的积极作用。

二是培训对象，包括创新工程师、创新培训师、创新咨询师，即“创新三师”。企业科协可按照《创新方法应用能力等级规范》《创新方法知识扩散能力等级划分要求》中的相关规定，积极推进“创新三师”培训与资格认证，提升企业的研发管理人员、一线研发骨干、工程技术人员的创新工作水平和创新创造活力。

三是培训形式，包括线上理论学习、线下课程辅导、线上线下相结合、一对一、多对多等多种形式。此外，一些企业科协还探索通过企业内部竞赛方式开展创新方法培训与推广应用。

2020年，包头钢铁（集团）有限责任公司科协通过举办“稀土钢杯”创新方法大赛，把创新方法理论与企业的实际项目相结合，以赛促学，以赛促用，推动了创新方法在创新创业领域的示范应用，为激发科技工作者创新热情、提升企业创新能力、解决实际技术难题、服务创新成果转化作出了积极贡献。

33 如何开展知识产权培训?

知识产权是智力劳动成果依法享有的专有权利，通常是国家赋予创造者对其智力成果在一定时期内享有的专有权或独占权。当前，随着科技创新越来越成为推动经济社会发展的重要力量，知识产权尤其是专利权越来越受到企业科技工作者的关注。通过开展知识产权培训，帮助企业科技工作者了解知识产权相关法律法规、增强知识产权意识、加快研究成果的转化应用，成为新形势下企业科协工作的重要内容。

企业科协开展知识产权培训主要针对三类人群，一是企业决策层，二是企业研发工程师，三是企业其他员工。企业科协要结合不同人群的特点和需求有针对性地设计培训方案，为他们“量身定制”培训课程。比如，面向企业决策层，可安排与知识产权布局和运营等相关的课程内容，便于他们在实施企业知识产权战略中做出正确的决策；面向企业研发工程师，可安排与专利分析、专利挖掘、专利申请、专利保护、专利规避等相关的各类课程，提升他们在这方面的实操能力；面向企业其他员工，可安排知识产权基础知识培训，帮助他们了解知识产权对企业的作用，树立知识产权意识。

34 如何开展技术经理人培训？

技术经理人是指以科技成果转化为己任，应用专业知识和实务经验，促进科技成果的商品化和产业化，以科技成果转化工作为职业的从业者。

近年来，在科技成果转化领域，技术经理人这个新兴职业正在迅速崛起，成为企业和高校院所开展合作的重要“桥梁”。社会各界尤其是地方政府对技术经理人给予高度重视，上海、江苏、重庆、广州、深圳、杭州、成都等地均在近一年内出台了加强培养技术经理人的相关规定，并把技术经理人才列入“十四五”紧缺人才开发目录；技术经理人行业正式进入各省市职称序列，多个省市将技术转移人才纳入职称评定序列，北京、天津、上海、山东、重庆、西安、成都等地均出台了针对技术经纪人、技术经理人、技术转移管理者等科技成果转化人才的职称评定办法，并配合出台落户、住房、补贴等各类优待政策。

近年来，各级科协组织在培育技术经理人方面进行了积极探索。为打造“科创中国”品牌、服务科技经济融合发展，中国科协将培育技术经理人队伍列为重点任务，系统开展技术经理人培训，计划在“科创中国”平台协作站点、入驻机构中认定一批“科创中国”技术经理人，并完善技术经理人服务流程、服务规范和评价办法。

辽宁省科协2019年启动专业化的技术转移人才队伍建设，先后在沈阳、鞍山、本溪、辽阳等地市组织开展了技术经理人培训活动，初步形成了科技成果转化人才成长的良好氛围。2022年4月25日，由辽宁省科协主办，辽宁省科学技术馆、辽宁省创新方法研究会、辽宁中科技术转移中心、辽宁省知识产权研究院承办的“科技型中小微企业扶持计划”第八期线上培训暨2022首期辽宁省技术经理人培训如期举办，来自省内企事业单位、高校院所的广大科技工作者，以及从事知识产权管理、科技研发、成果转化、技术转移等工作的人员共1877人参加了培训。

“科创中国”技术经理人教程

企业科协要积极融入“科创中国”建设，充分利用科协系统组织网络和人才资源优势，通过自行策划开展技术经理人培训或组织科技工作者参加外部相关活动，在企业中发现、培养一批既懂技术，又懂知识产权、市场、法律、财务、商务谈判等专业知识，同时还会做一定管理工作的复合型人才，不断提升科技成果转移转化成效。

四 助力人才成长

企业要强大要发展，人才是最基本的保障。企业科协是企业科技工作者之家，应全面为企业科技工作者成长成才做好服务和支撑。企业科协助力科技工作者成长的主要方式有：帮助科技工作者加入各级学会、帮助科技工作者申报奖项和晋升职称等。

35 如何帮助企业科技工作者加入各级学会等专业团体？

中国科协由全国学会、协会、研究会（以下简称学会），地方科协及基层组织组成；地方科协由同级学会和下一级科协及基层组织组成。在科协组织体系中，各级学会是重要组成部分。截至2021年底，各级科协所属学会共23000余个，其中，中国科协所属全国学会211个，覆盖理科、工科、农科、医科和交叉学科五大门类，横跨大部分自然科学学科和大部分产业部门。目前，全国学会共设立分支机构5500余个，个人会员超过630万人。

各级学会等科技社团具有较强的学术性、专业性，在促进相关领域科技创新、人才成长等方面发挥着重要作用，越来越受到各类企业和科技工作者的重视和认可。2016年，中共中央办公厅印发的《科协系统深化改革实施方案》明确指出，要支持所属学会重点发展个人会员，突出科技工作者的主体地位。2020年，中国科协、民政部联合印发的《关于进一步推动中国科协所属学会创新发展的意见》再次强调，学会要突出发展个人会员，完善分级分类的会员体系，强化对青年科技工作者、企业科技工作者、非公领域科技工作者、高校学生等的吸纳与联系。

企业科协要用好用足这些政策、资源，及时收集相关信息，帮助企业科技工作者加入各级学会等专业团体，为他们的成长和发展提供更广阔的平台。企业科协一方面可根据科技工作者的兴趣爱好，提供和推荐相关联的学会信息；另一方面可结合企业业务和科技工作者的需要，有针对性地进行引导，帮助科技工作者找到适合自身发展的学会。

36 如何帮助企业科技工作者申报各类奖项?

对于科技工作者而言，科技奖励是极大的认可和激励。帮助企业科技工作者申报各种奖项，是企业科协助力人才成长的重要举措。企业科协应借助中国科协和各级地方科协的各类评奖、推优活动，举荐优秀人才、推荐优秀成果；为企业科技工作者参评国家和地方各级科技奖项创造条件、提供帮助，让他们站上更高的舞台，切实提高科技工作者的荣誉感和获得感。

在帮助企业科技工作者申报各类奖项过程中，企业科协需要重视并做好以下几个方面的工作：

畅通信息渠道： 加强对各类奖项信息的关注并及时跟进，定期向科技工作者推送奖项申报的动态和进展

提供申报辅导： 及时组织专家解读奖项申报的流程、关键和难点，提高科技工作者申报奖项的效率和成功率

强化服务保障： 协同企业其他部门完善相关激励和管理机制，发现、跟踪、解决科技工作者在奖项申报过程中的困难和问题，为科技工作者申报奖项营造良好环境

安徽江淮汽车集团股份有限公司科协积极为取得成果的项目团队申报奖项，主要工作包括：一是制定奖项申报规划，做好年度工作部署并动态更新重点奖项内容；二是拓展奖项申报形式，鼓励项目组通过自主申报或与外部单位联合申报的形式申报奖项；三是做好奖项申报服务，组织内外部专家现场指导、多轮次评审，充分挖掘项目技术创新点，提高申报成功率及获奖等级。在公司科协的努力下，安徽江淮汽车集团股份有限公司共有23个项目申报了中国汽车工业科学技术奖、中国机械工业科学技术奖、中国物流与采购联合会科学技术奖、中国内燃机学会科学技术奖、安徽省机械工业科学技术奖等5类行业科学技术奖，最终获得各类奖项12项。

37 如何帮助企业科技工作者晋升职称？

职称是反映专业技术人才专业能力和技术水平的重要标志，是评价人才质量的重要标准。由于职称与待遇、职务晋升等直接挂钩，因此，帮助企业科技工作者晋升职称，理所当然地成为企业科协的重要工作内容。

在帮助企业科技工作者晋升职称方面，企业科协要结合实际情况与相关政策要求，一方面积极营造公平、公正、合理的职称评定环境，及时提供相关信息并加强培训，在企业内部形成积极参与职称评定的良好氛围；另一方面要认真研究职称评定的程序和要求，为科技工作者晋升职称提供服务和支持，如论文发表、专利申报等。在条件允许的情况下，企业科协要对科技工作者进行建档跟踪，主动帮助符合职称晋升条件的科技工作者在平时积累工作业绩和成果。

具体来说，企业科协可以从以下几个方面为有意愿和条件晋升职称的企业科技工作者提供帮助和引导：

一是帮助申报人员熟悉职称申报的基本要求、岗位要求（人员范围）、论文（技术工作总结）要求、专业领域业绩要求、获奖要求和职称评定的具体流程。

二是要求发表论文的，要帮助申报人员提前准备职称论文并按规定的时间在符合要求的刊物上发表。

三是帮助完成继续教育规定学时，为申报人员参加各种形式的继续教育创造机会、提供便利，确保其在申报前完成继续教育任务要求。

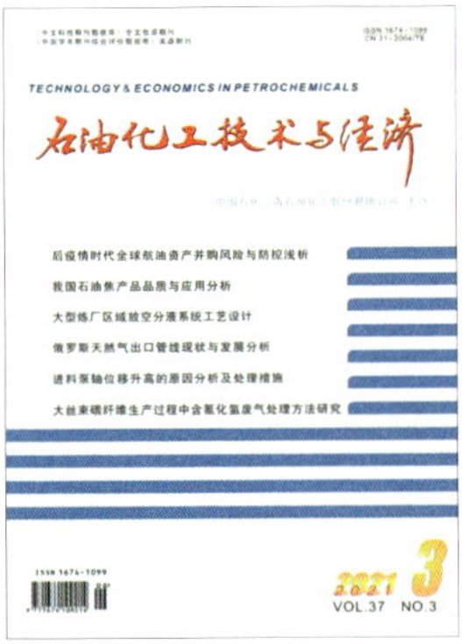

四是帮助申报人员如实准备工作主要业绩资料，尽量让那些含金量高、影响力大的业绩得到充分展示。

上海石化科协依托公司主办的《石油化工技术与经济》期刊，积极组织编辑部资深编辑面向科技工作者开展职称论文写作培训，分享科技论文写作的相关知识；依托公司科技图书馆，每年通过推荐文献资源、制作4期新书目录、发布图书馆馆藏资源信息等，向公司科技工作者提供最新、最权威的文献资源，努力为企业员工发表科技论文创造条件。

五 加强科学普及

为提高全民科学素质服务是科协组织的基本职责之一。企业科协开展科学普及活动，有利于提高两方面人员的科学素质。一是企业内部员工。企业科协通过开展内部科普活动，可提高内部员工素质和技能，提升企业技术创新水平。二是社会公众。企业科协通过开展外部科普活动，可以提高公众科学素养，激发公众创新思维，特定时候还可以争取公众对企业和行业发展的支持，为企业发展营造更好的外部环境。

中国移动科协开展“银龄跨越数字鸿沟”科普专项行动

38 如何开展科学普及工作?

制定工作标准

科普工作是一项持续性、开放性的工作，企业科协要有效开展科普工作，首先要建立标准化的流程和机制，并纳入整体工作计划。

组建科普团队

积极吸纳有意愿、有能力、有专长的科技工作者参加科普活动，组建一支知识结构合理、年龄层次丰富的科普志愿者队伍。

完善科普设施

良好的科普基础设施是科普工作的重要依靠和支撑，同时也是提供科普服务的重要载体。在条件允许的情况下，尽量争取建设科普场馆。

传递前沿动态

关心关注科学技术的最新动态，并根据企业科技工作者和企业业务发展需要，设计最贴合需求的活动主题。

九江石化PX项目在2013年5月第二次环评公示期间，九江市出现了局部舆情，九江石化科协积极作为、主动应对：一是以“请进来”的方式，多次邀请网友、市直机关干部、中学教师、团员青年等社会各界人士走进企业，参观炼油生产装置，实地考察PX项目拟建场地，并与企业有关部门负责人和职工座谈；二是以“走出去”的方式，前往市教育局开展PX科普知识宣讲，与市教育局领导、部分学校校长、化学教师、市工信局相关人员进行座谈，并组织部分网民和市直机关干部走进金陵石化PX装置实地考察。通过“请进来”和“走出去”两种方式，九江石化实现了“有效沟通、消除误解、增进共识”的目的，引导公众理性看待PX项目，成功化解了九江PX舆情危机。同年8月29日至30日，时任中国科协党组成员、书记处书记徐延豪率专家组一行7人赴江西省就九江石化运用科普手段化解PX舆情危机作专题调研，并于9月12日向国务院呈报了《关于科普化解江西九江PX项目建设困难的调查报告》。时任国务院副总理刘延东于9月26日在调研报告上作"通过科普助力重大工程项目建设，效果好，可予推广"的重要批示。随后，李克强总理、张高丽副总理等领导同志分别在调研报告上圈阅。

39 开展科学普及工作的形式有哪些?

企业科协可以从对内和对外两个角度做好科学普及工作。

企业科协在企业内部开展的科普活动，主要可分为日常性科普和目标性科普：日常性科普主要普及日常工作和生活中的一般性知识，这类科普活动没有特别的针对性，所有人都能够参与；目标性科普则是为特定受众设计的有针对性的科普活动，此类科普活动具有一定的专业性和较强的目标性。

中车太原机车车辆有限公司科协连续多年组织开展"铁路科技活动周""铁路科普日"活动。一是制作铁路知识科普展板，宣传铁路机车车辆发展历程，展现公司取得的科技创新成就；二是编制公司科普宣传手册《蜕变》，汇编与铁路机车、货运车辆相关的技术进步、产品升级、制造工艺及试验装备等知识，印制成册发至公司各单位，促进了各单位的技术交流；三是联合公司企业文化部，将"科普日"活动融入"中车全球开放日"活动，积极开展"交通强国"规划纲要的宣传工作；四是邀请离退休老职工、老领导、老前辈作为“特殊”的客人进厂参观，在共忆“峥嵘岁月”的同时，共赏“铁路新貌”、共享“科技成果”、共展“时代愿景”。

对外开展科普活动是企业履行社会责任、提升企业形象、塑造企业品牌的重要途径。企业科协可通过组织企业科技工作者面向社会公众开展形式多样的科普活动，弘扬科学精神，普及科学知识，推广先进技术，传播科学思想，倡导科学方法，提高企业员工和社会公众分析判断事物和解决实际问题的能力，激发企业科普活力，构建高质量科普服务体系。

兰州城市供水（集团）有限公司科协始终把科普教育作为重要工作之一，推动集团公司兴建了以“珍惜水资源，防止水污染，促进科学利用”为主题的“水之韵”展览馆，为企业全体职工以及外部参观者特别是广大青少年普及水方面的基础知识，极大地提升了大家的水资源保护意识，先后被甘肃省、兰州市相关部门命名为“甘肃省青少年教育基地”“甘肃省科普教育基地”“兰州市科普教育基地”，在社会上产生了积极影响，受到各方面的一致好评。

六 建设科技工作者之家

《中国科学技术协会章程》指出，基层组织应大力发展个人会员，及时准确反映基层科技工作者的建议、意见和诉求，建好科技工作者之家、广交科技工作者之友。通过建好科技工作者之家，企业科协可以将分散的科技工作者凝聚起来，既有利于增强科技工作者的归属感，又有利于提升企业的团队意识和向心力，从而为企业技术创新和国家科技事业发展作出积极贡献。

40 企业科协如何发展和服务会员？

会员是企业科协的根基，发展会员是企业科协联系和团结企业科技工作者的重要途径。根据《企业科学技术协会组织通则》，企业科技人员、管理人员、高级技能人员等，承认并遵守企业科协章程，可申请成为企业科协的会员。此外，在同一集团内，各分（子）公司成立的科协组织（包括企业科协、科协分会、专业学会等）可申请成为集团科协的团体会员。

企业科协应根据自身工作实际制定会员发展程序并建立健全会员联系和服务机制。企业科协要关心爱护科技工作者，通过开展各种形式的“建家交友”活动，加强与科技工作者的沟通交流，为他们解决难事、办好实事；通过组织开展各种培训、交流活动，为科技工作者成长成才和发挥作用搭建平台。

企业科协服务科技工作者的形式和方法主要有：

提供学习成长的机会与平台

利用科协系统的资源优势，积极为科技工作者提供或创造学习成长的条件和平台，比如组织科技工作者参加高水平学术交流活动，推荐科技工作者参与各类科技奖项的评选等。

鼓励和帮助科技工作者开展创新活动

了解企业科技工作者开展技术创新活动的困难和问题，积极为他们开展技术创新创造条件并有针对性地提供支撑服务，帮助他们获得展示个人能力和实现自身价值的机会。

关心科技工作者的身心健康

通过调查问卷、访谈和座谈会等多种形式与企业科技工作者保持密切联系，积极融入到企业科技工作者的工作、学习和生活中去，倾听他们的诉求、意见和建议，并给予他们关怀和照顾。

41 企业科协如何加强对科技工作者的团结和引领？

做好对企业科技工作者的团结和引领是企业科协的日常性工作，具体可从以下几个方面入手。

加强政治引领

企业科协要肩负起党和政府联系科技工作者桥梁和纽带的职责，积极宣传贯彻党的路线方针政策，可通过组织召开企业科技工作者座谈会、举办培训班等，面向企业科技工作者宣讲中央有关科技创新的重大决策部署，引导企业科技工作者胸怀“国之大者”，更加紧密地团结在以习近平同志为核心的党中央周围。

北京生物医药产业基地科协自2010年成立以来，始终注重加强对科技工作者的思想政治引领，主动开展定期走访和政策培训，及时向科技工作者宣传中央和北京市委、大兴区委重大决策部署，引导科技工作者正确理解党的理论和路线方针政策，坚定不移增进科技工作者对党的政治认同、思想认同、理论认同和情感认同。

把握思想动态

企业科协要通过开展企业科技工作者状况调查等方式，及时了解企业科技工作者所思所想，倾听企业科技工作者的意见建议和呼声，维护企业科技工作者的合法权益，推动解决“急难愁盼”问题，让企业科技工作者更有理想、更有热情、更有力量。

上海梅山钢铁股份有限公司科协每年举办不同层级科技人员座谈会，如首席工程师、主任工程师、区域工程师座谈会，并与调查问卷相结合，广泛倾听、收集科技人员的呼声和建议。比如通过开展区域工程师职业生涯方面的调研，收集有关意见建议并提交给相关部门，同时及时给予科技人员反馈。

培育创新文化

企业科协要大力弘扬科学家精神、企业家精神、工匠精神，在企业营造鼓励创新、包容创新的良好环境，一方面通过宣传优秀企业科技工作者，树立典型，强化价值引领；另一方面通过定期开展科学道德和行为规范培训，加强企业科技工作者自律管理，促进学风道德建设和科技伦理建设。

中国电子科技集团公司第五十四研究所科协紧扣网络信息发展方向，通过建立人才发现、培养、激励机制，形成人才增值、组织增效、活力促动“三位一体”的价值创造闭环，在打造“大国重器”中培养造就一支矢志爱国奉献、勇于创新创造的人才队伍。2022年5月30日，中国科协、教育部、科技部等7部委联合发布了首批“科学家精神教育基地”名单，中国电子科技集团公司第五十四研究所卫星导航系统与装备技术国家重点实验室等140家单位入选。

42 征求和听取企业科技工作者意见的途径有哪些？

企业科协要热情、科学、多渠道地贴近科技工作者并征求和听取他们的意见，积极向企业管理层反馈并提出合理化建议，推动企业形成有利于科技工作者成长成才和作用发挥的良好环境。

南华生物科协举行2021“全国科技工作者日”基层科技工作者代表座谈会

企业科协听取科技工作者意见的主要方式有：

1 **走访调研**
深入到科技工作者的日常工作之中，与科技工作者面对面沟通交流

2 **设点接访**
在企业内设置科技工作者接待点，安排固定时间接待科技工作者

3 **问卷调查**
通过问卷调查方式征集科技工作者的意见

4 **网络交流**
通过微信、QQ及其他网络工具收集科技工作者的意见建议

第五章

各类企业科协组织

2022年2月28日，习近平总书记主持召开中央全面深化改革委员会第二十四次会议，强调加快建设世界一流企业，为深化企业改革指明了方向。团结引领企业科技工作者积极响应党的号召，激发企业科技工作者创新创造活力，助力加快建设一批产品卓越、品牌卓著、创新领先、治理现代的世界一流企业，是各类企业科协组织的光荣使命。企业科协必须顺应这一时代要求，积极创新组织形态，加快形成覆盖广泛的组织网络。这也是落实2015年7月6日习近平总书记在中央党的群团工作会议上的讲话中提出的“群众流动频繁、分布不断变化，群团组织设置必须及时调整。要巩固已有的组织基础，加快新领域新阶层组织建设，形成完善的组织体系，实现有效覆盖”要求的具体行动。

一 企业科协

随着经济社会的不断发展，企业科协的组织形态也在不断创新，园区科协、企业科协联合会、企业联合科协等新型企业科协形态相继涌现。本节所说的企业科协，是狭义的企业科协，即传统意义上单个企业内部建立的科协组织。到目前为止，这仍然是企业科协最主要的组织形态。

43 单个企业内部的科协组织有哪些具体形式？

从企业的所有制来看，单个企业内部的科协组织可以分为国有企业科协、民营企业科协、外资企业科协等。由于不同所有制企业的特点和资源禀赋不一样，相应地建立企业科协的出发点也不一样。例如，与国有企业相比，民营企业在获取资金、解决户口和职称等职工个人发展问题等方面的能力相对较弱，因此，民营企业更需要通过建立科协组织，与科协系统建立起紧密的联系，并尽最大可能利用科协的组织网络优势来获取相关的人才和技术资源，促进企业的自身发展。近年来，我国民营企业科协数量快速增加，一方面与我国民营企业数量大幅增长有紧密的关系，另一方面也与民营企业迫切希望融入科协组织体系促进自身发展相关。对很多民营企业来说，建立科协组织就是它们融入科协系统、充分利用科协资源促进自身发展的一个切口。

近些年来，随着我国企业集团化发展的趋势越来越明显，科协组织在企业集团内部的形式也越来越丰富，大体包括两个方面。一是集团总部建立了科协组织，集团的分子公司也在其党组织关系所在地建立了科协组织。比如说，中国石油化工集团有限公司于2022年在集团层面建立了科协组织，但其诸多子公司在此之前就已在党组织关系所在地建立了科协组织。在这种情况下，子公司科协在业务上接受集团公司科协的指导，并可以团体会员身份加入集团公司科协。二是集团总部建立科协组织，集团的二级子公司或者分公司不再单独申请建立科协组织，而是建立集团公司科协组织的分会。例如，中国移动通信集团有限公司于2019年建立科协组织的时候，其下属的40个子公司同时成立了集团公司科协的分会，在集团公司科协的领导下开展工作。

随着经济的不断发展和企业形态的不断丰富，单个企业内部的科协组织形式也将越来越丰富。

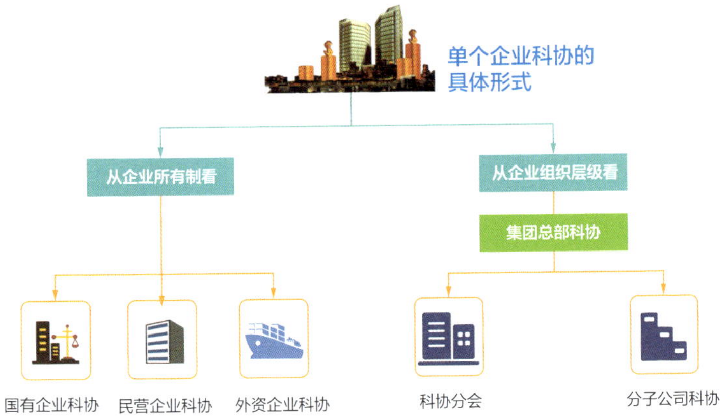

44 不同企业科协的工作着力点有什么不同?

不同企业所处的行业不一样，定位和发展目标不一样，在市场竞争中的地位也不一样。因此，不同企业科协的工作目标和着力点也就有着较大的不同。例如，科技领军企业科协和中小企业科协的工作目标和任务就有较大区别。

科技领军企业特别是中央企业，在关系国家安全和国民经济命脉的主要行业和关键领域占据主导地位，是重要的原创技术“策源地”和现代产业链“链长”，是科技创新的国家队，是国家战略科技力量的重要组成部分，在国家创新体系中占有非常重要的战略地位。这些企业建立的科协组织，其主要任务就是围绕国家发展战略，团结引领一批高层次科技人才，加快实施关键核心技术攻关，服务企业在构建现代产业体系、夯实高质量发展根基等方面更好发挥支撑引领作用。

由于科技领军企业代表了国家在相应领域的最高水平，为了加快本领域的技术创新，科技领军企业科协可以通过推动建立相关领域的学会等科技社团，更好地发挥学术的作用促进业务的发展；通过推动企业加入相关国际科技组织、参与国际科技交流与合作，助力企业提升国际话语权。中国交通建设集团科协设立了海外部，其主要任务就是服务相关科学家在国际科技组织任职。此外，科技领军企业科协还有一个重要任务，就是利用科协的组织网络优势，加强与产业链上下游中小企业的合作与联系，吸纳相关领域先进技术，实现协同创新。

与科技领军企业立足提升所属领域整体发展水平和国际竞争力不同，中小企业的基本任务是保证自身的生存，并在此基础上不断提升发展能力。因此，中小企业科协的一个重要任务是利用科协系统的人才和技术优势，不断提升自身的技术创新能力。近些年来，很多企业都设立了“院士专家工作站”，就是要通过科协平台将院士等高端人才的智力资源更好地转化为企业的技术成果。

二 园区科协

高新技术产业开发区、经济技术开发区、出口加工区、保税区等各类园区是科技型企业最为集中、企业科技工作者最为密集的区域。经过多年的建设和积累，园区已成为推动高新技术产业发展和打造经济增长极的重要力量。近年来，为了更好地联系和服务各类园区中的科技工作者，服务园区企业创新发展，中国科协及各级地方科协积极推动在园区建立科协组织，既包括园区管委会层面建立的科协组织，也包括下属的专业园区建立的科协组织，还包括在楼宇建立的科协组织等。

2021年园区科协负责人创新服务能力提升行动

45 园区科协和企业科协是什么关系？

园区科协与企业科协都是中国科协的基层组织，主要任务都是为企业科技工作者和企业技术创新服务。园区科协不属于某一家企业，而是属于整个园区，可以被视为是园区管理服务部门的一部分，可汇集整个园区资源服务单个企业，并有指导企业科协建设的职责。

一般来说，大中型企业的科技工作者数量较多，可以单独建立科协组织，包括国有大中型企业和上规模的民营企业。但在各类园区中，非公有制中小企业占有较大比例，这些企业单个体量不大，科技工作者的数量也不多，单独建立科协组织的难度较大。但从整个园区来看，由于很多企业都是科技型企业，科技工作者的总体数量是很大的，很有必要在园区层面建立科协组织，从而更好地联系和服务园区内的科技工作者。大量没有建立科协组织的中小企业，可以指定专门人员作为园区科协的联系人，从而保证园区科协的工作覆盖到相关企业。因此，从一定程度上讲，园区科协就是企业科协在园区的一种呈现形态。

从组建流程来看，园区科协与企业科协大体相似，一是成立园区科协筹备组；二是筹备组准备园区科协章程（草案）、第一届委员会和领导机构候选人建议名单、第一次会员代表大会筹备方案等材料并报园区党工委审批；三是园区党工委同意后，由筹备组向园区党工委所在地的科学技术协会报送相关材料；四是由园区党工委所在地的科学技术协会下达关于同意园区建立科协组织的批复；五是召开园区科协成立大会，选举园区科协领导机构，园区科协正式建立。

46 园区科协可以在哪些方面发挥作用？

1 服务园区科技工作者

为园区科技工作者的职业发展、职称评审等提供指导和帮助；组织科技工作者外出学习、考察，了解最新科技发展动态和前沿信息；举荐、宣传和表彰奖励优秀科技工作者，在园区营造尊重人才、重视创新的良好氛围；反映科技工作者的建议、意见和诉求，帮助解决实际问题；维护科技工作者权益，开展科学道德和学风教育，建设好科技工作者之家等，增强企业科技工作者的获得感和归属感。

2 服务园区企业技术创新

通过建立院士专家工作站、博士后工作站等方式，引进人才和智力资源；组织园区科技工作者围绕前沿技术问题开展学术交流和研讨，及时了解科技前沿动态；开展创新方法、知识产权、技术经理人等业务培训，举办创新论坛等活动，提高科技工作者专业素养和创新能力；为园区企业提供科技成果、专利技术等科技信息服务，帮助企业引进项目，促进产学研结合和科技成果转化；收集企业需求，搭建对接平台，为企业链接全国学会、地方学会、高校、科研院所相关创新资源；组织企业科技人员开展“揭榜挂帅”、创新创业大赛等活动，帮助企业攻克关键技术难题。

3

指导园区企业科协建设

一是通过加强与地方科协合作，切实推动园区内有条件的企业建立科协组织；二是在尚未具备单独建立科协组织条件的企业建立联系人制度，更好地发挥科协组织的桥梁和纽带作用等。

广州华南新材料创新园（以下简称“华新园”）是新材料行业龙头企业金发科技与高金富恒集团依托自身产业资源牵头打造的广州市第一家龙头企业创办的专业性科技企业孵化器，占地160亩，总投资10亿元，入驻企业520家。

华新园聚集了一批高学历高素质的创业就业群体，并于2019年1月正式建立园区科协。自园区科协成立以来，每年组织科技成果转化及创新创业服务活动超过100场，覆盖技术交流、科技金融、科技成果交易、知识产权、政策辅导等多个领域。

一是开展技术交流服务。园区科协产学研服务小组与44家高校、科研院所开展合作，建立100人的技术专家库。同时，梳理企业技术需求，建立企业需求库84项。定期开展行业技术交流、产学研对接等活动，促进高校科技工作者和园区科技工作者之间的交流以及行业上下游之间的交流。

二是开展科技金融服务。园区科协科技金融服务小组与近20家银行、投资机构、担保机构、股权交易中心等单位建立合作关系。通过“集团创投孵化+资本机构创投+集体贷款+集体挂牌新四板+科技路演”的方式，每年促进企业股权融资超过1亿元，获得银行贷款超过1亿元。

三是科技成果交易服务。为搭建企业间产品展示、交流交易平台，园区科协积极组织BOSS午餐会、商机交流会等活动，每年促进企业间交易金额超过4000万元。

四是开展知识产权服务。园区科协通过整合政府、行业协会和相关服务机构的资源，打造了黄埔区首个“知识产权综合服务平台”、首个“新材料知识产权维权和保护工作站”，持续引导企业加强知识产权的创造、运用和保护，增强企业技术创新能力。

五是开展政策辅导服务。园区科协成立政策服务小组，收集、筛选、梳理、汇编政府出台的各项政策并精准推送给入驻企业。同时邀请或联合政府部门、专业机构为企业进行政策宣讲、培训及项目申报辅导，打通政策落地的“最后一公里”，每年帮助企业获得各项政策补贴超过1亿元。

三 企业科协联合组织

除了园区科协外，企业科协联合会、企业联合科协也是新兴的企业科协组织形态。企业科协联合会是企业科协的联合组织，但联合会成员不限于企业科协，还可以包括学会、研究机构以及尚未建立科协组织的企业等；企业联合科协则是由不具备单独建立科协组织条件的企业联合成立的企业科协组织，建立企业联合科协可有效地联系服务中小微企业科技工作者，拓宽科协组织对中小微企业的服务覆盖和组织覆盖，更好地推动中小微企业的技术创新。

简单来说，企业科协联合会是不同的企业科协联合在一起的组织，而企业联合科协则是不同的企业联合组建的科协组织，二者都是企业科协联合组织的具体类型。

47 企业科协联合会有哪些特点?

企业科协联合会是以企业科协为主体的联合组织。目前，企业科协联合会有区域性和行业性两种形式：区域性联合会以地理范围为边界，成员单位主要来自同一区域内；行业性联合会以产业链为纽带，成员单位主要为同一个行业的上下游企业。

近年来，全国多个地方成立了企业科协联合会，比如浙江、山东、湖南、广西、宁夏等。其中，具有较强代表性的是湖南。2018年，湖南省科协印发《关于加强企业科协组织建设工作的意见》，明确要求市州科协建立企业科协联合会，各市州企业科协联合会作为团体会员加入省企业科协联合会。湖南省企业科协联合会由一批优秀企业科协自愿组成，主要目的是实现成员企业间的资源共享、协同创新、互助互惠、创新发展。湖南省企业科协联合会是在民政部门注册登记的法人单位，这在企业科协联合会中是不多见的。

广西企业科协联合会揭牌仪式

企业科协联合会的主要特点有：

1 **成员多样**

企业科协联合会对成员单位没有特殊限定，不仅有企业科协，还可以包括高校、学会、研究机构以及尚未建立科协组织的企业等，各类主体的融合协作使联合会的工作更具多样性的特点。

2 **机制灵活**

企业科协联合会有别于单个企业科协组织，没有硬性的职责范畴和工作定位，而是通过成员间的共同商讨确定主要任务和工作方式，因此企业科协联合会有较为宽松灵活的工作机制。

3 **服务广泛**

单个企业科协往往依赖所在企业自身的资源和能力来发挥作用，企业规模在很大程度上影响了企业科协的作用空间。企业科协联合会把不同企业聚集在一起，推动不同企业之间实现优势互补、互利共赢、取长补短、共同发展，为企业利用相关资源促进自身发展开辟了新的渠道。例如，一家小企业加入行业企业科协联合会后，可与行业中的龙头企业建立联系，通过深入交流，一方面可在行业内更好地推广自身成果、扩大市场，另一方面可以与大企业加强合作，利用大企业的资源优势进一步提升自身创新能力。

48 企业科协联合会可以在哪些方面发挥作用？

企业科协联合会与企业科协之间有着密切的共生关系。一方面，企业科协是企业科协联合会存在的必要基础和不可缺少的组成部分。同时，企业科协作为企业科协联合会的基本成员，也为企业科协联合会的组织建设和功能发挥作出重要贡献，是企业科协联合会持续稳健发展的重要保障。另一方面，企业科协联合会是企业科协功能发挥的重要依托。通过加入企业科协联合会，企业科协可以与其他单位更好实现优势互补、互利共赢，进一步增进自身活力。

具体来讲，企业科协联合会的作用主要体现在两个方面：

一是服务企业科协组织建设。企业科协联合会为不同领域、不同层级的企业科协，以及认同企业科协工作但还未建立科协组织的企业搭建了沟通交流的平台，在推广优秀企业科协的模式和经验方面起到了重要作用，有利于加快企业科协的建设和发展。

二是促进企业科协功能发挥。企业科协联合会通过吸纳产学研用金等各类创新主体加入，为企业科协打造了更加开放合作的平台，促进企业与高校、科研院所之间的合作，帮助企业科协实现跨地区、跨领域的资源整合与协同创新，进一步提升了企业科协的服务效能。

49 企业联合科协的特点和任务是什么？

科技工作者数量不多的中小微科技企业，单独建立科协组织的条件不成熟。这些企业一方面可以与所在园区的科协组织加强联系，指定专门人员作为园区科协的联系人，从而与科协组织建立联系；另一方面也可以与同行业的其他中小微企业加强合作，与其他企业共同建立科协组织，即企业联合科协。

一般来说，企业联合科协主要存在于一些朝阳行业中。朝阳行业处在起步阶段，单个企业规模一般较小，为了更好地服务企业科技工作者，更好地发挥科协组织优势服务企业技术创新，这些企业可以联合建立科协组织。

企业联合科协的主要特点是形式简单、机制灵活，具体工作可由成员单位轮值承担，相关工作成果可在成员单位之间共享。这种形式对小微企业来说，既降低了组织建设的门槛，又提供了轮值锻炼的机会，充分发挥了成员单位的主动性和积极性。通过建立企业联合科协，成员单位可在短期内以较小的成本享受到企业科协带来的价值和服务，并以此帮助企业更好地成长和发展。

近年来，南京市科协在通过成立企业联合科协服务企业创新发展方面进行了积极探索并取得了较为显著的成效。2015年，南京市栖霞区内有物联网企业20余家，为密切企业间的交流与联系，增强服务企业创新能力，当年10月，经南京市科协批准，由江苏省标准化研究院牵头成立了栖霞区物联网产业联盟科协。科协成立后，在科普宣传、学术交流、产学研结合等方面做了大量工作，得到了会员企业的普遍认可。2020年10月，南京栖霞新医药与生命健

2020年南京市栖霞区新医药与生命健康产业联盟科协正式成立

康产业联盟科协正式成立。联盟科协主席单位设在产业链龙头企业，目前拥有87家会员单位，包括50家企业、4家实验室、3家高校、16家医院、4家养老机构。联盟科协旨在打通学术界与产业界的交流合作通道，面向会员企业提供知识产权、技术转移、产业政策、科技金融、成果转化和相关法律、法规等咨询服务，以产业链龙头企业引领上下游中小微企业共同参与，强化企业科研攻关，加速科技成果向现实生产力的转化，为企业持续发展提供科技和智力支撑。

四 企业科协工作站和企业科技联合体

除了上面提到的企业科协、园区科协、企业科协联合会、企业联合科协之外，近年来，由企业主导建立的科协组织还出现了一些新的形态，比如企业科协工作站和企业科技联合体。

50 企业科协工作站的特点和任务是什么？

条件暂不成熟或暂时无法建立科协组织的企业，除了可与其他企业联合建立科协组织外，还可以通过成立企业科协工作站——企业科协的一种非正式形态，履行企业科协相关职责，积极做好服务企业科技工作者和企业技术创新的相关工作。

近年来，不少地方科协积极探索企业科协工作站的建设，广西科协是其中的典型代表。

2019年，广西科协印发《广西企业科协工作站建设指导意见（试行）》。《意见》积极鼓励各市科协简化企业科协成立流

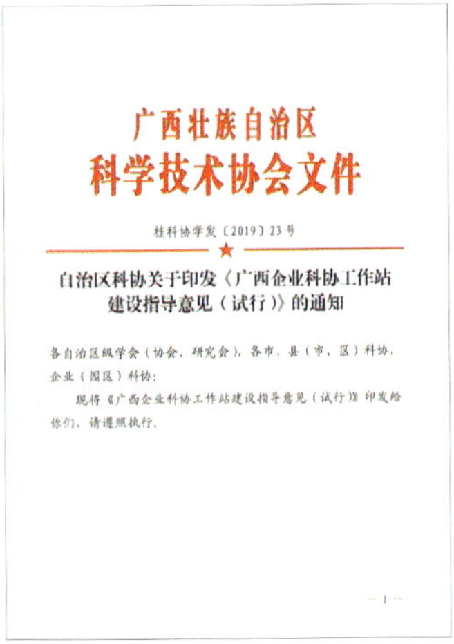
广西壮族自治区
科学技术协会文件

桂科协学发〔2019〕23号

自治区科协关于印发《广西企业科协工作站建设指导意见（试行）》的通知

各自治区级学会（协会、研究会）、各市、县（市、区）科协，企业（园区）科协：

现将《广西企业科协工作站建设指导意见（试行）》印发给你们，请遵照执行。

— 1 —

程、优化企业科协建设模式，对条件暂不成熟、不具备建立企业科协条件的企业，可建立企业科协工作站，并实行属地管理。《意见》提出，计划利用三年时间，重点在各类科技型企业、民营企业、小微企业建立一批企业科协工作站，以点带面，示范辐射，形成一套制度规范和可复制可推广的组织形式，推动各级科协组织建设和服务水平的提高。截至2021年底，广西共推动建立企业科协工作站1199家。

企业科协工作站的主要任务包括：

➤ 与上级科协保持密切联系，协助各级科协组织联系企业科技工作者，及时接收文件信息，传达有关政策；

➤ 收集企业技术需求，主动为科技工作者做好服务，反映他们的意见和建议，维护其合法权益；

➤ 协助组织企业科技工作者参加各类学术交流、技术培训活动，交流工作经验，宣传推广工作成果；

➤ 协助企业积极对接各级学会、高校科协、企业科协，推动“会企合作”“校企合作”；

➤ 畅通企业科技工作者参与中国科协、地方科协相关奖项评选、人才举荐、项目申报等工作的渠道，更好地服务企业科技工作者的成长成才；

➤ 积极开展智库建设，集聚科技工作者智慧为企业高质量发展建言献策。

51 企业科技联合体的特点和任务是什么？

在2021年5月召开的两院院士大会、中国科协第十次全国代表大会上，习近平总书记强调指出：“要发挥企业出题者作用，推进重点项目协同和研发活动一体化，加快构建龙头企业牵头、高校院所支撑、各创新主体相互协同的创新联合体，发展高效强大的共性技术供给体系，提高科技成果转移转化成效。”习近平总书记的重要论述，为推动我国科技创新、加强创新链产业链融合、加快构建创新联合体特别是企业科技联合体指明了方向。

为贯彻落实习近平总书记重要指示精神和中央关于群团组织改革的基本要求，更好地适应新时代经济社会发展的新形势、新要求，进一步扩大科协组织对企业的服务覆盖和组织覆盖，提高科协组织广泛联系、服务群众的能力和水平，近年来中国科协支持相关单位发起成立企业科技联合体，积极创新科协组织服务企业创新的形式和内容，探索科技与经济深度融合的新模式。

企业科技联合体是由相关行业或地区的科技领军企业牵头，有关科研院所、学会社团、科技服务机构等单位共同参与，按照“自愿、平等、合作、共享”的原则自发成立的非法人科技合作组织。联合体以创新驱动、共赢发展为目标，搭建行业技术协同创新和产业发展合作平台，推动行业科技进步和技术创新，是科协组织联系团结企业科技工作者的桥梁和纽带，是科协组织服务科技领军企业创新发展的重要方式。

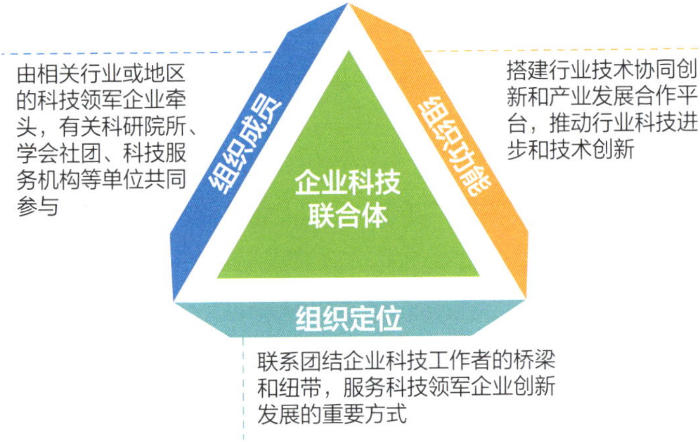

2019年9月成立的中国科协航空发动机产学联合体，就是中国科协探索建立新型举国体制下科学大协作、产学大攻关，打造航空发动机产业新生态的一次有益探索和积极实践。该联合体由中国航空发动机集团牵头，联合7个全国学会、1个行业联盟、9所高等院校、5家中央企业和2个科研院所等25家单位共同发起成立，旨在探索航空发动机领域产业界与科技界的深度合作、集智攻关和聚群发展新模式，围绕航空发动机领域重大需求加强战略牵引、推进协同创新、促进交流合作，为我国航空发动机事业发展作出积极贡献。

中国科协航空发动机产学联合体成立大会

第六章

中国科协、地方科协对企业科协的服务和支持

2022年初，中国科协党组提出“聚焦靶心、争创一流、赋能基层、开放协同”的工作要求。赋能基层，就是赋能基层组织，持续推动优质资源向基层、一线下沉，着力扩大对高校、企业（园区）、乡镇（街道）以及“两新”组织的工作覆盖和组织覆盖，不断巩固科协组织的基层基础，提升广泛联系服务科技工作者的科协工作体系整体效能。

我国四分之三的科技工作者在企业，企业科协是中国科协重要的基层组织。加强企业科协组织建设，推动企业科协创新发展，特别是不断改进中国科协、地方科协对企业科协的服务和支持，是中国科协和各级地方科协更好团结凝聚企业科技工作者，更好服务高质量发展、助力世界科技强国建设的重要举措。

一 做好企业科协工作顶层设计

多年来，中国科协积极做好企业科协工作的顶层设计，一方面通过出台相关文件为企业科协的发展建章立制，另一方面积极联合其他部门共同为企业科协的发展创造良好条件，并带动地方科协不断完善推进企业科协建设的措施和办法。

52 中国科协制定《企业科学技术协会组织通则》

《企业科学技术协会组织通则》是企业科协组织建设和工作

开展的基本依据。早在1986年，中国科协就草拟了《厂矿科协组织通则》，并于1990年3月开始试行。1996年11月，中国科协正式颁布实行《企业科学技术协会组织通则》，并将“厂矿科协”更名为“企业科协”。随着越来越多的非国有企业成立科协组织，中国科协于2005年1月出台了《非国有企业科学技术协会组织通则（试行）》，积极推动非国有企业科协的科学规范发展，不断筑牢“企业科技工作者之家”阵地建设。

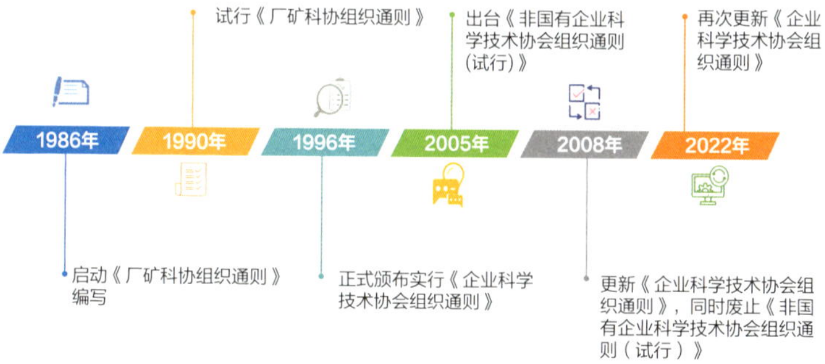

为与时俱进推动企业科协建设，中国科协根据经济社会发展形势和科技创新发展态势的变化以及企业科协自身建设面临的新情况新问题，不断对《企业科学技术协会组织通则》进行修订和完善。2008年6月18日，中国科协七届七次常委会审议通过了新版《企业科学技术协会组织通则》，同时废止了2005年1月开始试行的《非国有企业科学技术协会组织通则》。

根据新时代企业科协发展的需要，2022年6月中国科协颁布了更加完善、更加适应新时代高质量发展要求的《企业科学技术协会组织通则》。2008年版《通则》包括总则、任务、会员、组织、经费、附则6章，总条文22条。新修订后的《通则》

将原“组织”1个章节拓展为“建立和注销”“领导机构”“办事机构”3个章节，其他章节保留，修订后共8章，45条。

除了结构上的变动之外，本次修订重点调整了以下几个方面的内容：

➤ 在“总则”一章中，一是强调企业科协“是党领导下由企业科技工作者自愿组成的群众组织”，强化企业科协组织的政治性，坚持“党是领导一切的”这一基本原则；二是修改企业科协宗旨，依据《中国科学技术协会章程》和中国科协“十四五”规划，进一步明确企业科协事业发展目标；三是明确企业科协与中国科协、所在地科协及本单位党组织的关系。

➤ 在“任务”章节中，对原有职责任务进行重构细化，分为政治引领、学术交流、技术创新、人才培养、科学普及、智库建设、文化建设等七个部分。通过强调政治引领主责，不断拓宽“四服务”工作空间，把科协组织优势持续转化为服务企业科技工作者和企业创新发展的新动能。

➤ 新增“建立和注销”“领导机构”“办事机构”章节内容，明确企业科协建立程序、机构设置和职能。例如，在“建立和注销”章节中，明确企业科协审批流程；解释说明属于同一集团的上下级企业科协关系；鼓励地方科协创新实践，可采取灵活方式畅通与企业科技工作者的直接联系；强调充分运用信息化手段开展工作。

➤ 在“会员”章节中，一是提出会员享有监督权，并优先参加科协组织的各项活动，保障会员更多合法权益；二是强调企业科协应建立健全会员联系和服务制度，大力发展个人会员，引导企业科协充分发挥引领和服务科技工作者的作用。

此外，“经费”和“附则”两章也作了相应调整，进一步加强对企业科协财务情况的监督管理，同时扩大了《通则》的适用范围。

53 中国科协、地方科协出台推动企业科协建设的意见和办法

推动企业科协高质量发展，既离不开中国科协的宏观指导与高位推动，也离不开各级地方科协的具体指导与规范推进。

早在1996年9月，中国科协就与当时的国家计委、国家经贸委联合印发了《关于进一步加强厂矿科协工作的几点意见》，明确提出促进国有大中型企业的技术进步，需要进一步加强厂矿科协工作。2003年1月，中国科协印发《关于在非国有企业中加强科协组织建设的意见》。自此，企业科协建设在非国有企业中轰轰烈烈开展起来，非国有企业科协数量快速增加。2007年6月，中国科协七届四次常委会议审议通过了《关于加强企业科协工作的若干意见》，从搭建平台、开展工作、健全制度等方面提出了推动企业科协发展的具体举措。当前，中国科协正根据企业科协面临的新形势新任务，酝酿出台《关于新时期进一步加强企业科协组织建设的意见》。

在中国科协不断出台关于加强企业科协组织建设意见的同时，各地方科协也积极结合本地发展特点，有针对性地出台加强属地范围内企业科协组织建设的意见和办法。

比如，2016年7月，河南省科协研究制定了《企业成立科学技术协会一般程序》，规范了该省企业科协建立流程；2017年6月，浙江省科协出台《关于进一步加强全省基层科协组织建设

工作的实施意见》；2018年10月，湖南省科协印发《关于加强企业科协组织建设工作的意见》；2020年12月，辽宁省科协印发了《关于加强企业科协工作的指导意见》；2022年2月，山东省科协印发了《关于开展企业科协试点建设工作的通知》。

近几年来，随着我国民营企业数量的日益增多和民营经济的快速发展壮大，各地科协越来越重视民营企业科协工作，不断出台加强民营企业科协建设的相关办法。

例如，2021年4月，广东省科协、广东省工商联联合颁布了《关于加强民营企业科协组织建设 助力民营企业创新发展的指导意见》；2021年11月，湖南省科协与湖南省工商联共同印发了《关于加强民营企业科协组织建设工作的实施意见》。

河南省科学技术协会办公室文件

河南省科协办公室关于印发《企业成立科学技术协会一般程序》的通知

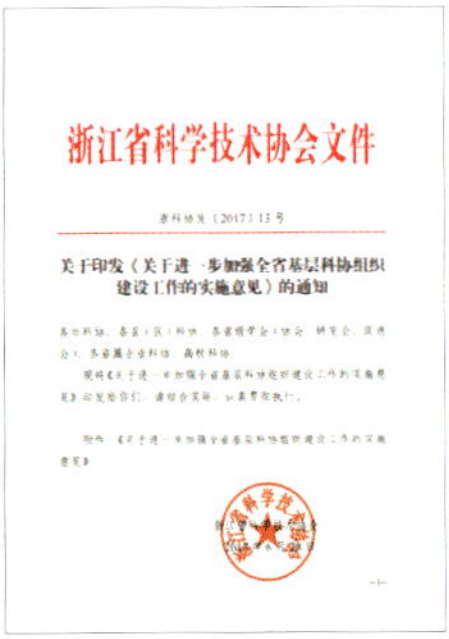
浙江省科学技术协会文件

关于印发《关于进一步加强全省基层科协组织建设工作的实施意见》的通知

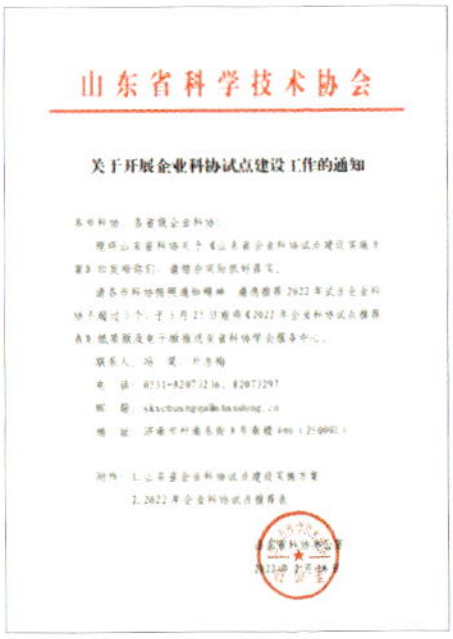
山东省科学技术协会

关于开展企业科协试点建设工作的通知

湖南省科学技术协会文件

湖南省科协印发《关于加强企业科协组织建设工作的意见》的通知

广东省科学技术协会 广东省工商业联合会 文件

关于加强民营企业科协组织建设助力民营企业创新发展的指导意见

54 联合相关部门共同推动企业科协建设

近年来，中国科协不断加强与相关部门的协同，积极联合外部力量推进企业科协建设、强化企业科协赋能。

2015年4月，中国科协、国务院国资委联合出台《关于加强国有企业科协组织建设的意见》。《意见》明确了国有企业科协的主要任务和推动国有企业科协组织建设的方法措施，为推动国有企业科协组织建设和提升国有企业技术创新能力提供了有力支撑。2018年7月，中国科协、国务院国资委召开共同推进中央企业科技创新座谈会并签署战略合作协议，明确提出加强中央企业科协组织建设，并在智能制造、信息技术等重点领域建立中央企业科技联合体。2022年2月，中国科协与国务院国资委举行座谈会并签署新一轮全面战略合作协议，强调进一步发挥科协组织优势，激发中央企业创新创造活力，推动中央企业加快建设世界重要人才中心和创新高地。

中国科协
国资委
文件

科协发计字〔2015〕27号

中国科协 国资委
关于加强国有企业科协组织建设的意见

2015年中国科协、国务院国资委联合出台《关于加强国有企业科协组织建设的意见》

2022年2月，中国科协与国务院国资委签订全面战略合作协议

为深入贯彻落实习近平总书记关于科技创新、人才工作和

民营经济发展的重要论述精神，发挥科协系统的人才优势和工商联系统的组织优势，2022年2月，中国科协与全国工商联签署全面战略合作协议，双方拟共同推动民营企业科协组织建设，并充分发挥双方优势为民营企业创新发展赋能。

中国科协与其他部门联合推动企业科协工作

- 2015年4月 中国科协、国务院国资委联合出台《关于加强国有企业科协组织建设的意见》
- 2018年7月 中国科协、国务院国资委召开共同推进中央企业科技创新座谈会并签署战略合作协议
- 2022年2月 中国科协与国务院国资委举行座谈会并签署新一轮全面战略合作协议
- 2022年2月 中国科协与全国工商联签署全面战略合作协议

在中国科协积极加强与相关部门联动的同时，各地方科协也积极加强与本地相关部门的合作，联合其他部门力量共同推动企业科协组织建设。

例如，2017年11月，四川省科协联合四川省教育厅、四川省国资委共同召开全省高校及企业科协建设推进会，就进一步推动高校科协、企业科协事业发展，更好地为科技工作者服务作出部署；2017年12月，山东省科协联合山东省发改委、山东省经贸委、山东省科技厅、山东省国资委共同出台了《关于进一步加强和改进企业科协工作的意见》；2017年12月，宁夏回族自治区科协联合宁夏回族自治区党委组织部、宁夏回族自治区教育厅、宁夏回族自治区科技厅、宁夏回族自治区人事厅共同出台了《关于加强企业科协组织建设的意见》；2019年12月和2021年11月，湖南省科协先后联合湖南省工信厅和湖南省国资委，分别印发了《关于加强中小企业科协组织建设工作的实施意见》和《关于加强国有企业科协组织建设工作的实施意见》。

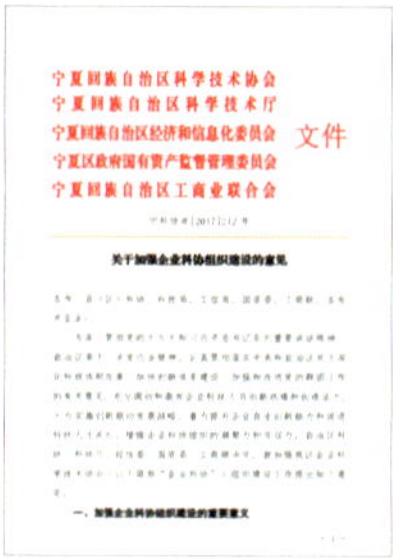
宁夏回族自治区科学技术协会
宁夏回族自治区科学技术厅
宁夏回族自治区经济和信息化委员会
宁夏区政府国有资产监督管理委员会
宁夏回族自治区工商业联合会
文件

关于加强企业科协组织建设的意见

一、加强企业科协组织建设的重要意义

湖南省科学技术协会
湖南省人民政府国有资产监督管理委员会
文件

关于印发《关于加强国有企业科协组织建设工作的实施意见》的通知

二 完善企业工作组织体系

建立健全企业工作组织体系和工作队伍，是中国科协和地方科协指导和推动企业科协建设与发展的重要基础。近年来，随着企业创新主体地位的进一步提升，企业工作逐渐成为中国科协的一项重要工作，中国科协和地方科协的企业工作组织体系和工作队伍也在不断完善。

55 中国科协不断优化机构设置

近年来，中国科协不断优化机构设置，持续推动企业科协组织建设，强化企业创新服务。

设立科学技术创新部

为更好地推动企业工作开展，2015年，经中央机构编制委员会办公室批准，中国科协设立“企业工作办公室”，主要负责企业科协组织建设、科技成果转化、企业技术创新服务等工作。2021年，为进一步增强企业创新服务力度，中国科协不再保留“企业工作办公室”牌子，相关职责并入新组建的科学技术创新部。

设立企业创新服务中心

2015年，中国科协将原厂矿科协协作中心更名为企业创新服务中心，下设企业科协工作处、科技信息应用处、产学研合作促进处、创新发展研究处等业务处室，具体开展企业科协组织建设以及与企业创新发展相关的科技信息应用、人才培养等工作。

设立组织建设专委会

中国科协第十届常委会设立组织建设专门委员会，主要任务是有计划地推进中国科协组织建设制度规范的制定和修订，不断推动科协系统组织建设取得新突破，增强科协组织对高水平科技自立自强的支撑力、贡献力。

设立科技经济融合专委会

中国科协第九届常委会曾经设立了企业自主创新专门委员会，主要负责指导企业科协组织建设和企业创新服务等工作，并就相关工作开展调查研究、提出政策建议。2021年中国科协“十大”后，中国科协第十届常委会不再保留企业自主创新专门委员会，改设科技经济融合专门委员会，进一步聚焦服务科技经济融合和区域经济发展。

56 地方科协企业工作体系不断健全

在中国科协不断加大对企业工作重视程度的带动下，地方科协也加大了企业工作力度，纷纷成立企业工作部门或者指定专门部门负责企业工作，并且安排了专门人员和工作经费，地方科协的企业工作体系逐步建立。

从省级层面来看，目前所有省级科协均明确了企业工作的责任部门。其中，天津、陕西等地成立了专门的企事业部，上海、江苏、浙江、福建、江西、湖南、广东、四川、云南、甘肃、宁夏等地已成立了企业工作办公室，重庆等地成立科学技

广西壮族自治区科协成立企业科协工作专班

术创新部，辽宁、黑龙江、安徽、山东、河南、广西、海南、西藏、青海等地由学会学术部承担企业工作，其余省、自治区、直辖市分别由人事、创新、科普、咨询等不同部门或事业单位承担企业工作。总的来看，各省级科协对企业工作不断提高重视程度、完善工作机制，大大促进了企业科协的组织建设和企业创新服务的顺利开展。

从省级以下层面来看，地市级科协在推动企业科协组织建设和服务企业创新发展方面的能力不断提升。成都、南京、杭州、武汉、济南、深圳、西安等副省级城市科协成立专门的企业工作部门已有一段时间，在企业科协组织建设和企业创新服务方面积累了较为丰富的经验。

城市科协与园区、园区入驻企业以及科技服务机构等联系紧密，在服务企业创新方面发挥着非常关键的作用。各省级科协要尽快推动下属的市县科协尽快完善企业工作体系，不断提升市县科协在推动企业科协组织建设和服务企业创新发展方面的能力。

57 中国科协、地方科协、企业科协的多级联动体系不断完善

推动企业科协建设和服务企业创新发展能否取得良好效果，一方面取决于中国科协的顶层设计，另一方面也取决于地方科协能否把服务企业创新的微循环打通。只有形成中国科协、地方科协、企业科协多级联动体系，才能真正把企业科协建设好，把企业创新服务工作开展好。

《中国科学技术协会事业发展“十四五”规划(2021—2025年)》明确提出，要“推动构建完善省域统筹、市域中心、县域重点的组织协同和联动机制，强化科协组织基层治理，强化跨区域、跨领域的协同合作”。

当前，中国科协正在深入实施“智慧科协2.0”，通过建设科技组织人才库，推动“科创中国”平台、企业科协综合服务系统等“一体两翼”已有信息化平台向“智慧科协2.0”集成、融合，推进科协事业发展向数字化、智能化转型升级，实现面向科技工作者的一站式服务。从企业科协组织建设和企业创新服务的角度来看，中国科协的目的就是要将全国学会、地方科协、企业和各类科技服务机构整合起来，推动相关资源在全国范围内的共享共用，从而真正打造一个集中国科协、地方科协和企业科协于一体的综合服务生态系统。在这个系统中，企业是微观层面，地方科协是中观层面，中国科协是宏观层面。

随着中国科协与地方科协、企业科协工作协同性的进一步提升和“智慧科协2.0”建设的持续推进，中国科协、地方科协和企业科协之间的多级联动体系将进一步完善。

三 提升企业科协负责人创新服务能力

近年来，中国科协不断加强干部队伍建设，着力建立分级分类的科技群团干部教育培训长效机制，培养一支善于联系服务科技工作者的高素质专业化干部队伍。与此同时，随着科技创新在国家战略全局中的核心地位日益凸显，科协企业工作面临着新机遇新挑战，对企业科协干部的综合素质、能力水平也提出了更高要求。不断提升企业科协干部队伍素质，已成为一项越来越重要的工作。

中国科协一直重视企业科协干部队伍建设工作。多年来，中国科协原计划财务部、组织人事部、企业创新服务中心等部门和单位在全国范围内组织开展了多次企业科协秘书长培训活动。与此同时，地方科协也积极组织和开展了辖区内的企业科协负责人培训活动，以不断提升企业科协的自身建设水平和服务提供能力。

58 积极编撰各类材料

编撰优质教材是做好企业科协干部培训工作的基本前提。中国科协一直注重对企业科协干部培训教材的编撰工作，并且不断更新和丰富教材内容。

1990年，全国厂矿科协协作中心、山东省厂矿科协研究会编印了《厂矿科协干部培训手册》。

1995年，全国厂矿科协干部培训教材编写组编印了《全国厂矿科协干部培训参考资料选编》。

1998年，中国科协普及工作部、中国科协厂矿科协协作中心编印了《全国企业科协干部培训教材》。

2008年，中国科学技术咨询服务中心编印了《企业科协工作手册》。

2019年，中国科协企业创新服务中心、湖南省企业科协联合会根据新形势重新编写了《企业科协工作手册》。

2022年，中国科协企业创新服务中心根据企业科协面临的新任务新要求，对《企业科协工作手册》进行了完善、修订和再版。

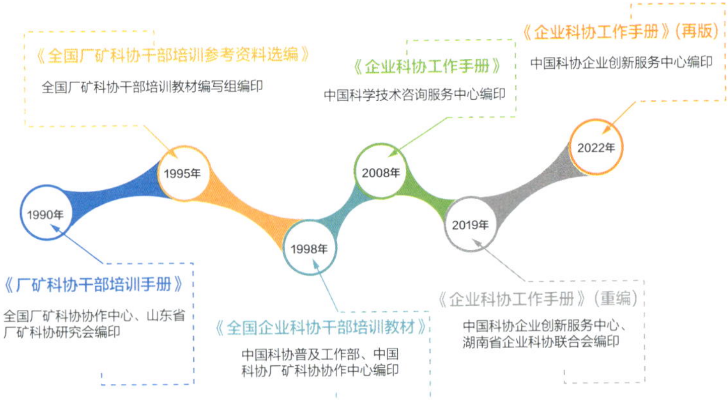

59 开展企业科协负责人创新服务能力提升行动

为培育一批既懂科技和经济又懂组织和管理的高素质企业科协干部队伍，中国科协企业创新服务中心自2018年开始，每年组织举办企业科协负责人创新服务能力提升行动（以下简称“提能行动”）。

2021年民营企业科协负责人创新服务能力提升行动

提能行动每年分四期举办，分别面向国有企业科协负责人、民营企业科协负责人、园区科协负责人和地方科协企业工作负责人开展主题性的培训活动。活动形式包括专题授课、经验交流、主题沙龙等。专题授课内容包括中国共产党党史、经济理论、国内外科技创新动态、政策解读和实操培训等，不仅提升了企业科协干部队伍的理论水平，也提高了其解决实际问题的能力；经验交流、主题沙龙等环节则为企业科协负责人提供了分享和交流的平台，进一步拓展了企业科协工作思路。

在总结往年活动经验的基础上，2021年提能行动进一步优化升级。一是按照“理论+实操+互动研讨”的框架安排活动，形成更加科学合理的课程体系；二是依托企业科协综合服务系统，一方面改变以往单一的线下授课方式，增加线上直播渠道，使每期活动受众群体由几百人扩大到几千人，另一方面设置活动专题页面，发布相关课件和交流材料等，使活动成果持续惠及广大企业科协负责人。

提能行动打造了没有围墙的价值引领高地，进一步提高了企业科协干部队伍的政治能力，增进了企业科协负责人对企业科协工作重要性的认识，也为其开展日常工作提供了业务上的指导。随着课程设置的不断优化和活动形式的进一步丰富，提能行动的影响持续扩大，逐渐成为中国科协优化企业科协工作生态的一项示范性活动。

在中国科协提能行动的示范带动下，江苏省科协、浙江省科协、湖南省科协、山东省科协、山西省科协、广西壮族自治区科协等地方科协积极开展本区域内的企业科协负责人培训活动，在全国范围内掀起了“培育企业科协干部队伍、激发企业科协组织活力”的良好氛围，形成了活动的规模效应。

山西省科协企业科协秘书长培训班

四 加强企业科协工作研究和宣传

中国科协一直以来都注重做好企业科协的研究和宣传工作，一方面不断探索企业科协建设规律，另一方面不断加强对企业科协的宣传推广，不断扩大企业科协的社会影响力。通过出版《企业科协》刊物、编撰发布《企业科协发展报告》、开展企业科协发展规律研究、举办企业科协工作交流和研讨会等，企业科协组织建设的理论基础进一步夯实，外部环境进一步优化，企业科协的创新服务能力进一步提升。

60 出版《企业科协》刊物

《企业科协》是由中国科协企业创新服务中心编印的内部期刊。其前身是《厂矿科协工作》，于1988年试刊、1989年正式创刊，1995年更名为《厂矿科协》，2002年更名为《企业科协》。

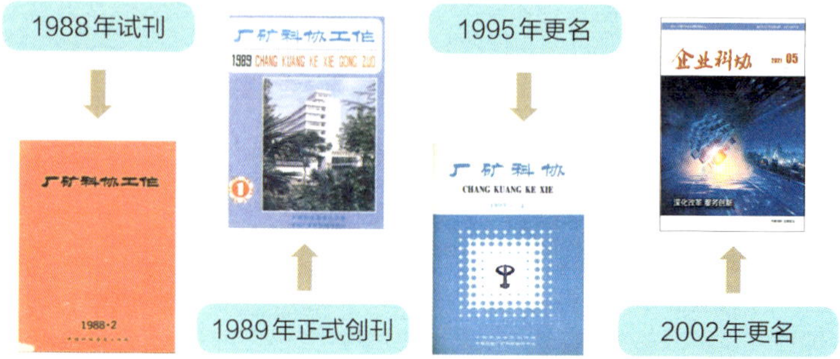

办刊宗旨：服务企业、服务企业科协、服务企业科技工作者。

主要内容：贯彻中国科协大政方针、宣传企业创新成功案例和典型人物事迹、交流企业科协组织建设和工作经验、报道基层科协工作动态等。

《企业科协》刊物见证着企业科协的发展历程，记录了中国企业的创新崛起，映射出企业科技工作者的风采活力。特别是近几年来，《企业科协》刊物工作持续得到重视和加强，不但从内容、栏目、专访、调研、编排、印制等方面全方位优化提升了办刊质量，而且完成了自创刊以来各期刊物的电子化，并积极运用信息化手段加强刊物的宣传推广，使刊物的影响力进一步增强，受到广大企业科协工作者的一致好评。

61 开展企业科协基本状况调查和发展规律研究

为全面了解企业科协和企业科技工作者的困难和诉求，进一步促进企业创新发展，中国科协通过撰写研究报告、开展专题调研和问卷调查等方式，积极开展相关规律研究。

2018年，中国科协企业创新服务中心编撰并出版了《企业科协发展报告（2018）》。报告全面梳理了企业科协的发展历史和现状，系统阐释了企业科协的性质、特征、职责及治理机制等，并对影响企业科协建设的基本问题进行了分析，提出了企业科协的发展方向和工作思路，进一步提升了企业科协在全社会的知名度和影响力，有力地推动了企业科协工作。

企业科协发展报告

近年来，中国科协企业创新服务中心持续开展企业科协基本状况调查和企业科技工作者需求状况调查。从2019年至2022年，企业创新服务中心连续四年面向地方科协开展企业科协信息采集和基本状况调查，详细了解地方科协企业工作部门设置、推动企业科协工作的具体举措以及推动成立的企业科协和园区科协数量等。2020年和2021年，企业创新服务中心还专门开展了企业科技工作者需求状况调查，详细了解企业科技工作者在工作中碰到的困难和问题以及对中国科协的诉求等，为进一步做好企业科协工作奠定了基础。

中国科协企业创新服务中心还配合中国科协第九届常委会企业自主创新专委会围绕服务企业创新发展和地方产业转型升级开展专题调研。2017—2019年，分别赴北京、深圳、广州、珠海开展调研，了解京津冀、粤港澳大湾区国家科技创新中心建设情况，为区域经济发展和产业转型升级提出意见建议；2020年10月，为贯彻落实《国务院关于实施健康中国行动的意见》精神，专门赴上海、苏州医疗器械产业园区和企业调研，形成《关于构建我国医疗器械产业创新体系的建议》专题报告并在《科技工作者建议》上刊发。

中国科协第九届常委会企业自主创新专委会调研上海医疗器械发展情况

62 举办企业科协工作交流和研讨会

近些年来，特别是党的十八大以来，我国企业科协发展进入深化改革时期，全国各地如火如荼地探索和创新企业科协建设之路，形成了丰富的企业科协建设经验。为了总结提炼各地企业科协建设经验，加强彼此间的交流和学习，促进企业科协发展，中国科协和地方科协举办了一系列关于企业科协组织建设和工作开展的交流和研讨活动。

1 **就中国科协而言，**主要有企业科协工作研讨会、企业科协建设推进会、企业工作交流会、企业科协建设专题会等。从2017年至2020年，中国科协每年召开一次企业科协推进会。2021年，中国科协专门召开两场线上企业科协工作座谈会，积极了解省、市、县三级地方科协和相关企业科协对进一步加强企业科协工作的意见和建议。2022年6月，中国科协召开中央企业科协筹建工作专题会，中国科协党组成员、书记处书记束为主持会议并作总结讲话，对新时期如何进一步加强企业科协工作特别是央企科协工作提出了具体要求。

中央企业科协筹建工作专题会

2

就地方科协而言，内容与形式则更加丰富，包括企事业科协工作研讨会、企业科协工作座谈会和企业科协组织建设推进会等不同形式。近几年，江苏、浙江、湖南、广西等省级科协每年至少组织召开一次以企业科协为主题的工作会，极大地推动了企业科协的建设和发展。

五 搭建企业科协综合服务系统

为了巩固和完善中国科协、地方科协和企业科协之间自上而下的多级联动工作体系，形成覆盖全国的企业科协生态圈，中国科协企业创新服务中心自2019年启动企业科协综合服务系统建设，旨在通过信息化手段创新联系服务机制、提高协同办公效率和水平，畅通中国科协、地方科协和企业科协之间的信息渠道、业务渠道、数据渠道、宣传渠道，打造信息“一网互联”、业务“一网通办”、数据“一网即查”、宣传“一网通达”、服务“一网共享”的企业科协组织建设与业务融通的线上综合服务平台。2022年，中国科协企业创新服务中心按照中国科协“智慧科协2.0”建设的总体要求，进一步从完善业务场景设计等角度优化系统功能，并加强系统与“智慧科协2.0”其他板块的协同联动。

企业科协综合服务系统

63 企业科协综合服务系统的基本情况

企业科协综合服务系统（http://qykx.scei.org.cn/）由“前台”和“后台”两部分组成。“前台”指企业科协宣传展示平台，对外展示全国企业科协发展情况，为基层加强企业科协组织建设、推进企业创新服务工作提供参考和借鉴。“后台”指企业科协办公平台，通过提供统计、管理、通讯功能，畅通中国科协、地方科协和企业科协之间的沟通渠道，为企业科协工作开展提供数据支撑及相关便利。同时，“前台”与“后台”之间相辅相成、互为支撑，“前台”展示内容随着“后台”信息数据的积累而不断丰富，“后台”用户受到“前台”资讯的影响而更加活跃。

企业科协综合服务系统用户包括中国科协、省级科协、副省级城市科协、地市科协、区县科协和企业科协组织，其中企业科协组织又包括企业科协、园区科协、企业科协联合会以及企业科技联合体等产学研协同创新组织。目前，所有省级科协、副省级城市科协、地市级科协都在系统上设有账号。

64 企业科协综合服务系统的“前台”功能

企业科协综合服务系统前台一级栏目包括企业科协分布、企业科协组织在线、最新动态、重点活动、资料文件、工作答疑。主要展示内容包括：

企业科协分布

一是以地图形式展示各省（自治区、直辖市）企业科协、园区科协数据；二是展示各省（自治区、直辖市）企业科协总数排名和已在系统登记信息的企业科协数量排名。

企业科协组织在线

“企业科协组织在线”包括企业科协、园区科协、联合会（联合体）三个二级栏目，为每一家在企业科协综合服务系统登记信息的企业科协组织提供免费、统一的工作全景展示渠道，展示内容具体可包括企业科协简介、章程、组织架构、工作动态、重点活动、通信地址、联系方式以及申请加入企业科协组织入口等。

最新动态

包括通知公告、科协要闻、地方快报、基层动态、科技资讯。

重点活动

一是展示由中国科协主办的各类与企业科协相关的重点活动，如企业“创新达人”宣讲活动、企业科协负责人创新服务能力提升行动等；二是展示由地方科协主办的各类与企业科协相关的重点活动，如吉林科技工作者创新创业大赛。

资料文件

包括制度文件、领导讲话、典型案例、《企业科协》刊物、《企业科协发展报告》、《企业科协工作手册》、“企业科协”牌匾制作等。

工作答疑

从企业科协是什么、企业科协怎么建、企业科协干什么、关于开放型企业科协等几个方面简要介绍企业科协的基本情况和发展趋势，并通过《企业科协工作手册》引导用户深入学习。

65 企业科协综合服务系统的“后台”功能

企业科协综合服务系统后台功能主要由统计中心、管理中心、通讯中心三大部分组成。后台用户分为中国科协、地方科协、企业科协三类账号，这里主要介绍地方科协账户的主要功能。中国科协账户与地方科协账户功能类同，企业科协账户除没有统计中心功能外，管理中心与通讯中心的功能与地方科协类同。

统计中心

1. 用户统计，本地区企业（含企业科协）、学会、高校及科研机构、园区（含园区科协）、联合会数量统计及查询。

2. 科协信息采集，对于省一级科协包括本级信息填写及下一级信息审核，对于地市科协包括本级信息填写。具体用于每年年初报送本地上一年度企业科协组织数量、相关活动、政策等企业科协基本情况至上一级地方科协和中国科协。

管理中心

1. 组织架构，包括用户管理和创建单位（指市科协为区县科协开通账号）。

2. 审核管理，包括学会审核、企业科协审核、园区科协审核、联合会/联合体审核。

3. 投稿管理，包括《企业科协》刊物投稿、宣传推广。地方科协可通过平台给《企业科协》刊物、地方快报、基层动态、制度文件、典型案例等栏目投递稿件并跟踪采编情况。

4 项目管理，包括项目评审及项目申报，主要提供项目创建、申报信息收集、申报评审、申报存档等系列功能，方便管理日常项目。

5 业务助手，包括活动管理、问卷调查、在线投票。其中活动管理提供创建活动、分享活动、报名信息收集及管理、活动现场签到、签到人数统计、活动存档等全流程管理，提高日常活动效率；问卷调查提供创建问卷、问卷分享、问卷统计分析等功能，提高日常问卷调查效率；在线投票提供创建投票、在线分享、投票统计分析等功能，提高日常投票工作效率。

6 企业科协工作大事记，为地方科协提供有关企业科协的制度文件、会议培训、创新服务活动、表彰宣传活动及其他有关企业科协大事记在线记录上传功能，一方面帮助地方存档历史资料，另一方面方便中国科协及时了解地方工作开展情况。

通讯中心

1 通讯录，本地科协组织及企业科协组织通讯录。

2 公文收发，向下发送公文和接受下级地方科协和企业科协发送的公文，群组范围限制在平级科协、下级科协和本地企业科协组织。

3 短信群发，通过该功能定向群发信息，并通过系统随时了解短信接收查看情况。群组范围限制在平级科协、下级科协和本地企业科协组织。

4 短信管理，主要用于短信发送情况统计、短信充值等。

六 提供相关资源和服务

一直以来，中国科协和各级地方科协都为企业科协的建设和发展、为企业科技工作者的成长和进步、为企业技术创新能力的提升做了大量工作，前面提到的各种活动和平台就是这方面工作的重要组成部分。除此之外，中国科协和各级地方科协还通过评选表彰、人才举荐、提供科技类公共服务产品等方式，积极为企业科协开展工作创造条件，为企业科技工作者的职业发展拓展渠道，为企业技术创新能力的提升搭建平台。

66 团结服务企业科技工作者

2021年9月27日至28日，习近平总书记在中央人才工作会议上强调：“要坚持党管人才，坚持面向世界科技前沿、面向经济主战场、面向国家重大需求、面向人民生命健康，深入实施新时代人才强国战略，全方位培养、引进、用好人才，加快建设世界重要人才中心和创新高地，为2035年基本实现社会主义现代化提供人才支撑，为2050年全面建成社会主义现代化强国打好人才基础。”

2016年，在中国科协的积极推动下，国务院同意自2017年起，将每年5月30日设立为“全国科技工作者日”。作为党和政府联系科技工作者的桥梁和纽带，团结服务企业科技工作者是中国科协企业科协工作的基本目标。当前，中国科协在团结服务企业科技工作者方面主要开展了以下几方面工作。

一是面向企业科技工作者开展各类评选表彰。近年来，中国科协参与主办或具体负责评选的奖项有全国创新争先奖、中国科协求是杰出青年成果转化奖、中国青年科技奖、中国青年女科学家奖等。其中全国创新争先奖是仅次于国家最高科学技术奖的一个科技大奖。该奖项每三年评选表彰一次，每次表彰10个科研团队并授予奖牌；表彰不超过30名科技工作者并授予奖章，奖章获得者享受省部级劳模待遇；表彰不超过300名科技工作者并授予奖状。与此同时，中国科协还积极开展“最美科技工作者”评选，重点宣传长期奋战在工作一线、为推动地方经济社会发展和学科建设作出突出贡献的优秀基层科技工作者。

第二届全国创新争先奖表彰奖励大会

二是积极开展人才推荐，包括两院院士推荐（提名）、国家科学技术奖提名、推荐国际科技组织任职、工程师资格国际互认等。在推荐国际科技组织任职方面，中国科协可推荐企业或科技工作者个人加入相关国际科技组织，为企业以及科技工作者个人拓展更大的发展空间，为中国在国际科技组织争取更大的话语权。

三是面向企业科技工作者的群体服务。例如，自2020年疫情发生以来，中国科协针对企业家、企业高管，企业科技人才、企业一线工程师成长需求，积极打造“企业云课堂”，为广大企业家和科技工作者把握创新方向、解决创新难题提供精准服务。从2020年起，中国科协还积极开展企业“创新达人”宣讲活动，大力宣传为企业创新发展作出突出贡献的优秀科技工作者。此外，中国科协还定期编发《科技工作者状况调查站点信息》，积极反映一线科技工作者的意见和建议。

2021年“科创中国”企业云课堂启动仪式

67 促进创新创业和成果转化

《中国科学技术协会事业发展“十四五”规划（2021—2025年）》明确指出：“组织动员广大科技工作者围绕国家产业链供应链自主可控重大战略部署，依托‘科创中国’服务平台，构建产学研融合创新联合体，解难题、促转移、促转化、助创业、增实效，增进各类创新资源协同互动，为加快创新链产业链融合、建设现代产业体系、推动高质量发展作出贡献。”围绕促进创新创业和成果转化，中国科协主要开展了以下工作：

一是服务创新创业。在活动方面，中国科协从2015年开始一直协同国家发展改革委组织开展全国大众创业万众创新活动周，截至2021年底共为近千家企业提供了交流展示的平台。中国创新方法大赛是中国科协、科技部共同主办的一项具有导向性、示范性的面向企业科技工作者和高校师生推广应用创新方法、开展群众性创新实践的竞赛活动，每年举办一届。2021年，共有一万余名企业科技工作者参加了中国创新方法大赛。在公共服务产品方面，中国科协开发了企业技术创新力在线自测系统，发布了中国科技创业数字地图和中国创新创业发展相关研究报告，有效服务了企业创新活动的开展。

2021年中国创新方法大赛

二是服务科技经济融合。为更好地促进科技与经济深度融合，中国科协自2020年开始积极打造“科创中国”科技创新融通平台。平台为企业提供“供需对接”“资源定制”“交流传播”“特色服务”四类功能，旨在打造要素集成、功能完备、开放共享、闭环运营的国家公共技术服务与交易平台。除此之外，中国科协还积极开展创新创业项目云路演、举办创新创业成果交易会，并发布重点产业科技发展动态监测报告和《重要学术会议指南》，更好地推动创新要素向企业集聚。

“科创中国”平台

三是促进跨界交流。为了更好地促进科技界、企业界、创投界跨界交流与合作，中国科协近年来陆续举办了系列活动，包括“科创中国”科学家企业家创新论坛、“科创中国”创新创业投资大会、科技创新企业家高峰论坛、企业创新大家谈、企业自主创新研讨系列活动等。这些活动为企业搭建了对外交流合作的平台，促进了企业创新人才的成长，提升了企业自主创新能力。

四是促进国际合作。中国科协推动成立了国际技术交易联盟，并积极开展国际技术路演、举办国际合作论坛，为企业参与国际科技交流创造了良好条件。

中国科协促进创新创业和成果转化相关工作

68 促进科学技术普及和推广

2016年5月30日，习近平总书记在全国科技创新大会、中国科学院和中国工程院院士大会、中国科协第九次全国代表大会上强调：“科技创新、科学普及是实现创新发展的两翼，要把科学普及放在与科技创新同等重要的位置，没有全民科学素质普遍提高，就难以建立起宏大的高素质创新大军，难以实现科技成果快速转化。”近年来，中国科协围绕科学普及开展了一系列卓有成效的工作。在这个过程中，各类企业发挥了重要作用。

2015年以来，中国科协按照“品牌引领、内容为王、共建共享、培育生态”的工作理念，打造“科普中国”品牌（http://www.kepuchina.cn/）。截至2021 年底，“科普中国”

累计资源容量超53TB，浏览量和传播量累计超412亿人次，信息员超816万人，2021年荣获“人民日报最佳政务奖”和“中央网信办走好网上群众路线百个成绩突出账号”。

2003年6月，中国科协在《中华人民共和国科普法》颁布实施一周年之际发起全国性系列科普活动，2004年该活动被正式命名为“全国科普日活动”，并于2005年起定于每年9月第3周举行。2004年至今，中国科协每年都牵头举办全国科普日活动，确定一个主题，并根据主题联合相关部委开展活动。全国科普日活动的持续开展在全社会起到了良好的示范引导作用，进一步激发社会各方面支持科普、参与科普的积极性、主动性和社会责任感，带动了科普活动的蓬勃开展，促进了科普公共服务能力的提高，为我国公民科学素质提升作出了积极贡献。

除了打造上述两个重要品牌外，近年来中国科协还主办（或与其他单位共同主办）了中国科幻大会、典赞·科普中国、世界公众科学素质促进大会、中国（芜湖）科普产品博览交易会等重要活动，并倡导成立了中国公众科学素质促进联合体，同时在包括企业在内的各类机构认定了一批全国科普教育基地。

在上述各类活动中，相关企业尤其是科技领军企业发挥了重要作用。例如，国家能源集团、国家电网、中国中铁等企业积极参与2019年成立的中国公众科学素质促进联合体；中国移动、中核集团等多家中央企业积极参与中国科技馆专门展厅、青少年科学营和全国科普教育基地建设。2021年12月9日，中国航天科技集团等企业积极协助中国科协圆满完成了“天宫课堂”地面授课任务。2021年12月27日，在国务院国资委、全国工商联和中国科协指导下，中国航天、中国电科、中国航发、中国石化、国机集团、科大讯飞等22家中央企业和民营企业共同发布《“科学素质赋能 科技自立自强”中国企业公益科普联合倡议》，呼吁全体企业投身公益科普，担当社会责任。

中国科技馆核能应用展区

附　录

中国科学技术协会章程

（中国科学技术协会第十次全国代表大会部分修改，
2021年5月30日通过）

第一章　总　　则

第一条　中国科学技术协会是中国科学技术工作者的群众组织，是中国共产党领导下的人民团体，是党和政府联系科学技术工作者的桥梁和纽带，是国家推动科学技术事业发展、建设世界科技强国的重要力量。

第二条　中国科学技术协会坚持以下宗旨：

高举中国特色社会主义伟大旗帜，坚持以马克思列宁主义、毛泽东思想、邓小平理论、“三个代表”重要思想、科学发展观、习近平新时代中国特色社会主义思想为指导，增强“四个意识”、坚定“四个自信”、做到“两个维护”，按照“五位一体”总体布局和“四个全面”战略布局，坚持科学技术是第一生产力，坚持把创新作为引领发展的第一动力，把人才作为支撑发展的第一资源，坚持面向世界科技前沿、面向经济主战场、面向国家重大需求、面向人民生命健康，充分发挥作为国家创新体系重要组成部分的作用。

牢牢把握增强政治性、先进性、群众性要求，建设开放型、枢纽型、平台型科协组织，坚持为科技工作者服务、为创新驱动发展服务、为提高全民科学素质服务、为党和政府科学决策服务，促进科学技术的繁荣和发展，促进科学技术的普及和推广，促进科技人才的成长和提高，促进科技智库作用的发挥和彰显。坚持面向世界、面向未来，增进对国际科技界的开放、信任、合作，为推动构建人类命运共同体作出更大贡献。

坚定不移走中国特色社会主义群团发展道路，最广泛地把广大科技工作者团结凝聚在党的周围，自觉履行高水平科技自立自强的使命担当，为全面建设社会主义现代化国家、实现中华民族伟大复兴的中国梦而努力奋斗。

第三条　中国科学技术协会由全国学会、协会、研究会（以下学会、协会、研究会简称学会），地方科学技术协会及基层组织组成。

地方科学技术协会由同级学会和下一级科学技术协会及基层组织组成。

第四条　中国科学技术协会党组发挥领导作用，把方向、管大局、保落实，加强对业务工作和党的建设的领导，确保党的理论和路线方针政策的贯彻落实。

第五条　中国科学技术协会倡导尊重劳动、尊重知识、尊重人才、尊重创造的风尚，弘扬科学家精神，坚持独立自主、民主办会的原则和“百花齐放、百家争鸣”的方针，依法依章程开展工作。

第六条　中国科学技术协会高举爱国主义旗帜，加强与香港特别行政区、澳门特别行政区和台湾地区的科学技术交流，维护民族团结，促进祖国统一。

第七条　每年5月30日为“全国科技工作者日”。

第二章　任　　务

第八条　引导科技工作者学习贯彻习近平新时代中国特色社会主义思想，宣传党的路线方针政策，密切联系科技工作者，反映科技工作者的建议、意见和诉求，维护科技工作者的合法权益，建设有温度、可信赖的科技工作者之家。

第九条　开展学术交流，活跃学术思想，倡导学术民主，优化学术环境，促进学科发展，协同组织推进世界一流科技期刊培育建设，推进国家创新体系建设。

第十条　组织科技工作者开展科技创新，开展科技志愿服务，参与科学论证和咨询服务，坚定创新自信，着力攻克关键核心技术，加快科学技术成果转化应用，助力创新发展，促进科技创新与经济社会发展深度融合。

第十一条　弘扬科学精神，普及科学知识，推广先进技术，传播科学思想，倡导科学方法，捍卫科学尊严，提高全民科学素质。

第十二条　健全科学共同体的自律功能，推动建立和完善科学研究诚信监督机制，促进科学道德建设，加强科技伦理建设，涵养优良学风，宣传优秀科技工作者，培育科学文化，践行社会主义核心价值观。

第十三条　组织科技工作者参与国家科技战略、规划、布局、政策、法律法规的研究、咨询和制定，参与国家事务的政治协商、科学决策、民主监督工作，建设中国特色高端科技创新智库。

第十四条　组织学会有序承接科技评估、工程技术领域职业资格认定、技术标准研制、国家科技奖励推荐等政府委托工作或转移职能。支持地方科学技术协会承接政府的科技类公共服务职能。

第十五条　注重激发青少年科技兴趣，推进科技人才队伍建设，造就更多国际一流的科技领军人才和创新团队，培养具有国际竞争力的青年科技人才后备军。表彰奖励优秀科技工作者，举荐科技人才。

第十六条　开展民间国际科学技术交流活动，促进国际科学技术合作，支持学会等加入国际科技组织，推动设立国际科技组织或分支机构，参与国际科技事务和全球科技治理。加强中国工程师联合体建设，扩大与国际工程师组织合作。支持科技工作者在国际科技组织和重大国际科技议程中发挥积极作用。发展同国（境）外科学技术团体和科技工作者的友好交往，为国际科技组织和海外科技人才来华交流合作、创新创业提供服务。

第十七条　兴办符合中国科学技术协会宗旨的社会公益性事业。

第三章　会　　员

第十八条　中国科学技术协会实行团体会员制。

学会和基层组织，符合条件的，经批准可成为同级科学技术协会的团体会员。

学会和基层组织发展个人会员。支持学会发展港澳台和外籍会员，吸纳港澳台和外籍科学家在学会任职。

第十九条　会员的权利和义务：

团体会员可推选代表参加科学技术协会代表大会，享有选举权、被选举权和监督权；参加科学技术协会的活动，对科学技术协会的工作提出建议和批评并进行监督。

团体会员须遵守本章程，接受科学技术协会的领导，执行科学技术协会的决议和决定，开展符合本章程规定的各项活动，承担科学技术协会委托的工作任务。

个人会员的权利和义务由学会和基层组织章程规定。

第四章 全国领导机构

第二十条 全国代表大会和它选举产生的全国委员会是中国科学技术协会全国领导机构。

全国代表大会常务委员会是全国代表大会的常设机构。

第二十一条 全国代表大会每五年举行一次，由全国委员会召集。特殊情况下，可以提前或延期举行。

第二十二条 全国代表大会的代表名额和选举办法由常务委员会决定，其代表经全国学会和省、自治区、直辖市科学技术协会及有关方面民主协商，选举产生，实行任期制。

第二十三条 全国代表大会行使下列职权：

一、决定中国科学技术协会的工作方针和任务；

二、审议和批准全国委员会的工作报告；

三、制定和修改中国科学技术协会章程；

四、选举产生全国委员会；

五、决定其他重大事项。

第二十四条 全国委员会会议每年举行一次，由常务委员会召集。

第二十五条 全国委员会行使下列职权：

一、执行全国代表大会的决议；

二、选举主席、副主席和常务委员会委员；

三、审议中国科学技术协会年度工作报告；

四、决定授予荣誉职务；

五、决定其他重大事项。

第二十六条 全国委员会闭会期间，常务委员会领导中国科学技术协会的工作，实施全国委员会确定的任务，批准全国委员会委员的变更、增补或撤销，会员的接纳、退出或处理；决定常务委员会委员、全国委员会副主席的调整，并提交全国委员会会议批准。

常务委员会会议一般每半年举行一次，由主席召集，也可由主席委托副主席召集。

第二十七条　常务委员会下设书记处。书记处由第一书记和书记若干人组成，人选由主席提名，经常务委员会通过。书记处在常务委员会领导下主持中国科学技术协会的日常工作。

第二十八条　常务委员会设置若干工作委员会和专门委员会，协助审议需经常务委员会审定的有关事项。

第二十九条　常务委员会根据需要，聘请成就卓著的科学家为中国科学技术协会顾问。

第三十条　全国委员会委员和常务委员会委员应珍惜荣誉，遵守纪律，认真履职。全国委员会委员连续两次无故缺席全国委员会会议，没有正常履职的，一般应辞去全国委员会委员职务；常务委员会委员三次无故缺席常务委员会会议，没有正常履职的，一般应辞去常务委员会委员职务。

因为严重违纪受到查处或受到刑事处罚的，撤销委员职务，同时终止全国代表大会代表资格。

第五章　全 国 学 会

第三十一条　本章程所称全国学会是按自然科学、技术科学、工程技术及相关科学的学科领域组建或以促进科学技术发展和普及为宗旨的社会团体。

第三十二条　加入中国科学技术协会的全国学会须满足以

下基本条件：

一、承认并遵守中国科学技术协会章程；

二、按照社会团体登记管理规定依法登记；

三、学会负责人应在相关领域有重要影响，个人会员达到1000名以上；

四、有健全的党组织，能正常开展党的工作；

五、经常开展国内外学术交流活动，具有较强的服务科技创新、决策咨询和科学技术普及能力，编辑出版科学技术或科学普及刊物，原则上应设有科学技术奖项；

六、有实体办事机构、固定办公场所和专职工作人员。

第三十三条　符合本章程第三十二条规定的全国学会，向中国科学技术协会提出申请，经常务委员会批准，即为中国科学技术协会的团体会员。

第三十四条　加入中国科学技术协会的全国学会接受中国科学技术协会的领导，执行中国科学技术协会的决议，承担并完成中国科学技术协会委托的任务，选举代表参加中国科学技术协会全国代表大会。

全国学会退出中国科学技术协会，须经中国科学技术协会常务委员会批准。

第三十五条　全国学会会员代表大会每四至五年举行一次，决定学会的工作方针和任务，审议和批准学会理事会的工作报告和财务报告，制定、修改学会章程，选举新的理事会、监事会。

全国学会办事机构在理事会领导下开展工作。

第三十六条　全国学会可根据学科发展需要组建学会联合体，有条件的学会联合体应设立党的工作机构。学会联合体为非法人社团组织，其成立或解散须经中国科学技术协会常务委员会批准。

第三十七条　全国学会有下列情形之一的，经中国科学技术协会批准，给予限期整改、警告、撤销团体会员资格等处理：

一、履职不力、组织涣散的，责令限期整改；

二、限期整改后仍无明显改进的，经批准，给予警告；

三、违反国家法律法规，或严重违反中国科学技术协会章程，造成严重不良后果的，经常务委员会批准，撤销团体会员资格。

第六章　地方科学技术协会

第三十八条　本章程所称地方科学技术协会指省（自治区、直辖市）科学技术协会，市（地、州、盟）科学技术协会和县（市、区、旗）科学技术协会。地方科学技术协会是中国科学技术协会的地方组织，是地方同级党委领导下的人民团体。

第三十九条　地方科学技术协会一般应设立党组。地方科学技术协会应在同级党委领导和上级科学技术协会指导下，结合本地实际履行职责，定期向同级党委和上一级科学技术协会报告工作。

省级以下（含省级）学会接受同级科学技术协会领导，业务上受相应的上级学会指导。

第四十条　地方科学技术协会执行中国科学技术协会的章程和决议，推选代表参加上级科学技术协会代表大会。

第四十一条　地方各级科学技术协会代表大会和它选举产生的地方科学技术协会委员会是地方科学技术协会的领导机构，每届任期五年。市（县）级及以下科学技术协会应注重吸纳教育、医疗卫生、农业技术推广等领域的机构负责人进入领导机构。

地方科学技术协会代表大会每五年举行一次，决定本地区科学技术协会的工作方针和任务，审议地方科学技术协会委员会的工作报告，选举地方科学技术协会委员会。上一级科学技术协会负责人一般应到会指导。

地方科学技术协会委员会会议每年举行一次，由同级科学技术协会常务委员会召集。

地方科学技术协会委员会闭会期间，由地方科学技术协会常务委员会领导地方科学技术协会工作。

地方科学技术协会常务委员会会议一般每半年举行一次，由主席召集，也可由主席委托副主席召集。

地方科学技术协会主席、副主席选举结果应报上一级科学技术协会备案。

第七章　基 层 组 织

第四十二条　中国科学技术协会的基层组织，在本单位同级党组织的领导和地方科学技术协会的指导下，依照本章程开展活动。

科技工作者集中的高等学校、科研院所、医院、企业、园区等单位，经党组织隶属关系所在地的科学技术协会审批，可以建立科学技术协会（科学技术普及协会）等基层组织。

乡镇（街道）、村（社区）可以建立科学技术协会（科学技术普及协会、农村专业技术协会）等基层组织。

第四十三条　中国科学技术协会和地方科学技术协会可依规模和影响发展符合条件的基层组织作为团体会员。

第四十四条　基层组织应立足自身特点，动员和组织科技工作者开展学术交流，普及科学技术，推广实用技术，助力创新驱动，服务大众创业、万众创新，发挥在社会治理中的作用。

第四十五条　基层组织应大力发展个人会员，及时准确反映基层科技工作者的建议、意见和诉求，建好科技工作者之家、广交科技工作者之友。

第八章　工 作 人 员

第四十六条　各级科学技术协会按照信念坚定、为民服务、勤政务实、敢于担当、清正廉洁的标准，加强对工作人员的管理，建设一支忠诚干净担当的高素质、专业化干部队伍。

第四十七条　各级科学技术协会工作人员应热爱科学技术协会的事业，牢固树立为科技工作者服务的思想，持续改进工作作风，深入实际和基层，密切联系和真诚服务科技工作者，不断提高政策水平、专业技能和社会服务能力。

第四十八条　各级科学技术协会要加强对工作人员的培养和教育，有计划有组织地开展培训工作，提高工作人员的政治和业务素质。

第四十九条　各级科学技术协会及所属团体工作人员应自觉加强纪律和道德约束，共同维护科学技术协会作为科技工作者之家的良好形象，不得肆意贬损诋毁。如有违犯者，视情节轻重给予处理。

第九章　经费及资产管理

第五十条　经费来源：

一、财政拨款；

二、资助；

三、捐赠；

四、会费；

五、企事业收入；

六、其他收入。

第五十一条　建立学术交流、科学技术普及、人才举荐和奖励等专项基金。

第五十二条　建立常务委员会领导下的民主理财管理体制。

第五十三条　各级科学技术协会的经费、资产及国家和地方拨给科学技术协会的不动产受法律保护，任何单位和个人不得侵占、挪用和任意调拨；各级科学技术协会所属企业、事业单位的资产隶属关系不得随意改变。

第十章　会　　徽

第五十四条　中国科学技术协会会徽由古天象仪、航天器、齿轮、麦穗、蛇杖以及中文和英文标出的中国科学技术协会名称组成。

第五十五条　中国科学技术协会会徽可在办公地点、活动场所、会议会场悬挂，在出版物上印制，也可制作成徽章佩戴。

第十一章　附　　则

第五十六条

中国科学技术协会简称中国科协。

中国科学技术协会会址设在北京。

中国科学技术协会的英文全称是CHINA ASSOCIATION FOR SCIENCE AND TECHNOLOGY，缩写为CAST。

科学技术工作者简称科技工作者。

第五十七条　全国委员会依照本章程制定《全国学会组织通则》。

第五十八条　全国学会依据有关社会团体登记管理规定、本章程制定学会章程。

地方科学技术协会可根据本章程制定实施细则。

第五十九条　本章程解释权属中国科学技术协会。

第六十条　本章程经中国科学技术协会全国代表大会通过实施。

企业科学技术协会组织通则

（2022年6月17日中国科协十届常委会第五次会议审议通过）

第一章 总 则

第一条 为规范和推进企业科学技术协会（以下简称“企业科协”）建设，加强对企业科技工作者的团结引领，提升企业技术创新能力，巩固企业创新主体地位，根据《中国科学技术协会章程》，制定本通则。

第二条 企业科协是中国科学技术协会在企业的基层组织，是中国共产党领导下由企业科技工作者自愿组成的群众组织，是党和政府联系企业科技工作者的桥梁和纽带，是推动企业科技进步和助力世界科技强国建设的重要力量。企业科协在企业党组织的领导下，在中国科学技术协会及企业党组织关系所在地的地方科学技术协会的指导下开展活动。

第三条 企业科协的宗旨是：以习近平新时代中国特色社会主义思想为指导，贯彻落实新时代党的组织路线，立足新发展阶段，贯彻新发展理念，构建新发展格局，推进高质量发展，促进企业科技人才的成长，促进企业技术创新和转型升级，促进科学技术的普及和推广，促进科技智库作用的发挥和彰显，把企业科技工作者团结凝聚在党的周围，自觉履行高水平科技自立自强的使命担当，为全面建设社会主义现代化国家、实现中华民族伟大复兴的中国梦而努力奋斗。

第二章 任 务

第四条 宣传和贯彻落实党的路线方针政策，加强对企业科技工作者的思想政治引领。密切联系企业科技工作者，引导企业科技工作者胸怀“国之大者”。大力发展个人会员，反映企业科技工作者的建议、意见和诉求，维护企业科技工作者的合法权益，建设有温度、可信赖的科技工作者之家。

第五条 围绕国家重大战略需求，组织开展政产学研用跨界学术、技术交流活动，积极开展国际科技交流。加强学会、企业联动，引导支持企业科技工作者加入学术团体，提高专业能力。

第六条 强化企业创新主体地位，组织企业科技工作者围绕企业创新发展面临的突出技术问题，开展技术攻关等活动，有效提升企业技术创新能力，促进企业高质量发展。

第七条 培养推荐、表彰奖励优秀企业科技工作者，开展创新方法和知识产权等培训，为企业科技工作者参评国家和地方各级科技奖项，参加工程师资格认证、专业技术职称评定，申报专利、转化成果和参与各类科技项目创造条件、提供帮助，培养国家战略科技人才。

第八条 开展科学技术普及活动，弘扬科学精神，普及科学知识，推广先进技术，传播科学思想，倡导科学方法，提高企业员工和社会公众分析判断事物和解决实际问题的能力，激发企业科普活力，构建高质量科普服务体系。

第九条 接受委托参与、协调专业技术职称评定工作，组织企业科技工作者参与科学论证和咨询服务，推进企业智库建设。围绕产业发展加强相关研究和交流，服务党和政府科学决策。

第十条　弘扬科学家精神、企业家精神、工匠精神，培育企业创新文化。加强企业科技工作者自律管理，促进学风道德建设和科技伦理建设，宣传优秀企业科技工作者，引领企业科技工作者奋力实现高水平科技自立自强。

第十一条　开展符合本通则的其他活动。

第三章　建立和注销

第十二条　承认《中国科学技术协会章程》、拥有一定数量科技工作者的企业，经企业党组织同意，可向党组织关系所在地的地方科学技术协会申请建立企业科协。未建立党组织的，经企业决策层同意，可向企业所在地的地方科学技术协会申请建立企业科协。

第十三条　企业申请建立科协组织一般应提交申请报告或申请表、企业科协章程（草案）、企业党组织同意建立企业科协的有关文件等材料。地方科学技术协会应结合实际情况，优化企业科协建立的审批程序。

第十四条　各级科学技术协会应积极运用信息化手段开展企业科协的审批、登记等工作，在中国科学技术协会搭建的企业科协信息化平台上开展相关管理和服务工作。

第十五条　在同一集团内，下级企业建立科协，应报上一级企业的党组织同意；下级企业科协在业务上接受上级企业科协的指导，并可以团体会员身份加入上级企业科协。

第十六条　符合条件的企业科协，可申请成为同级地方科学技术协会的团体会员。规模较大、在行业内具有较强影响力的企业科协，符合条件的可申请成为中国科学技术协会的团体会员。

第十七条 地方科学技术协会可结合实际需要，推动建立区域性的企业科协联合会，大力促进企业科协组织发展。暂不具备单独建立科协组织条件的企业，可按地域联合申请建立科协组织，或通过建立企业科协工作站、企业科协联络员制度等方式，畅通与企业科技工作者之间的联系渠道。

第十八条 企业科协出现下列情形之一的，应当向批准其建立的地方科学技术协会申请注销：

一、决定自行解散的；

二、所在企业解散的；

三、由于其他原因终止的。

企业科协出现下列情形的，批准其建立的地方科学技术协会，可给予其限期整改、警告、撤销企业科协组织等处理：

一、履职不力、组织涣散的，责令限期整改；

二、限期整改后仍无明显改进的，给予警告；

三、违反国家法律法规，或严重违反《中国科学技术协会章程》，造成严重不良后果的，撤销企业科协组织。

第四章 会 员

第十九条 企业科技人员、管理人员、高级技能人员等，承认并遵守企业科协章程，可申请成为企业科协的会员。

第二十条 会员享有以下权利：

一、选举权、被选举权和表决权；

二、对企业科协工作的知情权、建议权、批评权和监督权；

三、优先参加科协组织的各项活动；

四、自愿加入和退出企业科协；

五、企业科协章程规定的其他权利。

第二十一条　会员应履行以下义务：

一、遵守企业科协章程，执行企业科协决议；

二、按照有关规定交纳会费；

三、完成企业科协委托的工作；

四、企业科协章程规定的其他义务。

第二十二条　企业科协应建立健全会员联系和服务制度，大力发展个人会员。对严重违反企业规章制度和企业科协章程的会员，或因违法犯罪受到刑事处罚的，经企业科协委员会决定，取消其会员资格。

第二十三条　会员退会，由本人提出申请，经企业科协确认，即可退会。

第五章　领导机构

第二十四条　企业科协会员代表大会及其选举产生的委员会是企业科协的领导机构。

第二十五条　企业科协会员代表大会每三至五年召开一次，由企业科协委员会召集。科技工作者少于一百人的企业科协可直接召开全体会员大会。会员代表大会召开后一个月内，企业科协应向批准其建立的地方科学技术协会报送选举结果和企业科协章程修改等基本情况。

第二十六条　企业科协会员代表大会的代表名额及产生方案由召集代表大会的委员会决定，报企业党组织同意。未建立党组织的，报企业决策层同意。

第二十七条　企业科协会员代表大会履行以下职责：

一、决定企业科协的工作方针和任务；

二、制定和修改企业科协章程；

三、审议和批准企业科协委员会的工作报告和财务报告；

四、选举产生企业科协委员会；

五、决定其他重大事项。

第二十八条　企业科协委员会委员名额及候选人产生方案由召集代表大会的委员会决定，报企业党组织同意。未建立党组织的，报企业决策层同意。

第二十九条　企业科协委员会履行以下职责：

一、执行企业科协会员代表大会的决议；

二、选举企业科协主席、副主席等；

三、讨论通过企业科协主席提名的秘书长和副秘书长等人选；

四、审议工作计划和工作总结；

五、组织开展各项活动；

六、表彰做出突出贡献的会员；

七、决定其他重大事项。

第三十条　企业科协委员会会议应定期召开，由企业科协主席召集。委员会会议须有三分之二以上委员出席方能召开，其决议须经到会委员二分之一以上表决通过方能生效。

第三十一条　企业科协委员会设主席一人、副主席若干人，候选人人选由企业党组织提名。未建立党组织的，由企业决策层提名。主席、副主席人选应具备较高学术、技术水平和较强组织领导能力。

第三十二条　企业科协委员会委员超过一定规模的可设立常务委员会。常务委员会委员名额及候选人产生方案由召集代表大会的委员会决定，报企业党组织同意。未建立党组织的，报企业决策层同意。

第三十三条　委员会闭会期间，常务委员会领导企业科协的工作，完成企业科协委员会确定的任务。

第三十四条　企业科协委员会根据工作需要，可设置若干工作委员会和专门委员会，协助审议需经委员会或常务委员会审定的有关事项。

第六章　办 事 机 构

第三十五条　企业科协的办事机构为秘书处（办公室），秘书处（办公室）在委员会（常委会）的领导下开展工作。

第三十六条　秘书长主持秘书处（办公室）日常工作。秘书长应由热爱科协工作、熟悉国家科技政策、沟通协调能力较强的科技工作者或企业管理人员担任。

第三十七条　企业科协秘书处可根据自身实际情况和企业所属行业特点，设置若干工作机构，更好地开展相关专业领域的工作。

第三十八条　具备条件的企业应为企业科协秘书处（办公室）设置专职工作岗位、配备专门办公场所和相关办公设施。工作人员可在企业内外选聘，按照企业有关规定管理。

第三十九条　地方科学技术协会要加大对企业科协的联系与服务工作力度，及时指导并开展年度工作评估。

第七章　经　　费

第四十条　企业科协经费主要来源于所属企业预算，还可包括资助、捐赠和其他合法收入。

第四十一条　企业科协经费应专项管理、单独核算，执行有关财务管理制度，定期向会员代表大会和委员会报告财务收支情况，并接受会员监督。

第八章 附 则

第四十二条 地方科学技术协会可根据本通则制定实施细则。企业科协根据本通则制定企业科协章程。

第四十三条 在国家和各级地方政府批准成立的自主创新示范区、经济技术开发区和高新技术产业开发区等企业密集区域和众创空间等新经济组织内建立科协组织，以及多个企业联合建立科协组织，可参照本通则执行。

第四十四条 本通则由中国科学技术协会负责解释。

第四十五条 本通则经中国科学技术协会常务委员会审议通过，自发布之日起施行。

企业科学技术协会章程模板

第一章　总　　则

第一条　××科学技术协会(以下简称××科协)，是××科技工作者自愿组成的群众组织，是××党委（党组）和管理层联系科技工作者的桥梁和纽带，是推动××科技进步和技术创新的重要力量。

第二条　××科协的宗旨是：以习近平新时代中国特色社会主义思想为指导，贯彻落实新时代党的组织路线，立足新发展阶段，贯彻新发展理念，构建新发展格局，推进高质量发展，促进企业科技人才的成长，促进企业技术创新和转型升级，促进科学技术的普及和推广，促进科技智库作用的发挥和彰显，维护科技工作者合法权益，把企业科技工作者团结凝聚在党的周围，自觉履行高水平科技自立自强的使命担当，为全面建设社会主义现代化国家、实现中华民族伟大复兴的中国梦而努力奋斗。

第三条　××科协是中国科协的基层组织，承认《中国科学技术协会章程》，接受中国科协和××省（区、市）科协业务指导，坚持独立自主、民主办会的原则。

第四条　××科协遵守国家法律和有关规定，按照本章程独立自主地开展工作。

第二章　任　　务

第五条　××科协的主要任务：

一、宣传和贯彻落实党的路线方针政策，加强对企业科技工作者的思想政治引领。密切联系企业科技工作者，引导企业科技工作者胸怀“国之大者”。大力发展个人会员，反映企业科技工作者的建议、意见和诉求，维护企业科技工作者的合法权益，建设有温度、可信赖的科技工作者之家；

二、围绕国家重大战略需求，组织开展政产学研用跨界学术、技术交流活动，积极开展国际科技交流。加强学会、企业联动，引导支持企业科技工作者加入学术团体，提高专业能力；

三、强化企业创新主体地位，组织企业科技工作者围绕企业创新发展面临的突出技术问题，开展技术攻关等活动，有效提升企业技术创新能力，促进企业高质量发展；

四、培养推荐、表彰奖励优秀企业科技工作者，开展继续教育和技术培训，为企业科技工作者参评国家和地方各级科技奖项，参加工程师资格认证、专业技术职称评定，申报专利、转化成果和参与各类科技项目创造条件、提供帮助，培养国家战略科技人才；

五、开展科学技术普及活动，弘扬科学精神，普及科学知识，推广先进技术，传播科学思想，倡导科学方法，提高企业员工和社会公众分析判断事物和解决实际问题的能力，激发企业科普活力，构建高质量科普服务体系；

六、接受委托参与、协调专业技术职称评定工作，组织企业科技工作者参与科学论证和咨询服务，推进企业智库建设。围绕产业发展加强相关研究和交流，服务公司科学决策；

七、弘扬科学家精神、企业家精神、工匠精神，培育企业创新文化。加强企业科技工作者自律管理，促进学风道德建设和科技伦理建设，宣传优秀企业科技工作者，引领企业科技工作者奋力实现高水平科技自立自强；

八、完成公司领导和上级科协交办的其他任务。

第三章　会　　员

第六条　××企业科技人员、管理人员、高级技能人员等，凡拥护党的路线、方针和政策，承认并遵守本章程，可申请成为××科协会员。

第七条　会员享有以下权利：

一、选举权、被选举权和表决权；

二、对企业科协工作的知情权、建议权、批评权和监督权；

三、优先参加科协组织的各项活动；

四、自愿加入和退出企业科协；

五、企业科协章程规定的其他权利。

第八条　会员应履行以下义务：

一、遵守企业科协章程，执行企业科协决议；

二、按照有关规定交纳会费；

三、完成企业科协委托的工作；

四、企业科协章程规定的其他义务。

第九条　会员有退会的自由，由本人提出申请，经××科协委员会确认，即可退会。若触犯刑律和严重违反公司相关规定、本章程，经××科协委员会决定，取消其会员资格。

第十条　会员因工作变动，离开本单位，其会员资格自动取消；会员退休后，其会员资格保留×年。

第四章　机　　构

第十一条　××科协会员代表大会是××科协的最高权力机构，经它选举产生的××科协委员会是××科协的领导机构。

第十二条 ××科协会员代表大会每×年举行一次，由××科协委员会召集。在特殊情况下，可以提前或延期举行。

第十三条 ××企业科协会员代表大会的代表名额及产生方案由召集会员代表大会的委员会决定，报企业党组织或管理层同意。

第十四条 ××科协会员代表大会履行以下职责：

一、制定××科协的工作方针和任务；

二、审议和批准××科协委员会的工作报告；

三、制定和修改××科协章程；

四、选举××科协委员会委员；

五、决定其他重大事项。

第十五条 企业科协委员会委员名额及候选人产生方案由召集会员代表大会的委员会决定，报企业党组织或管理层同意。

第十六条 企业科协委员会设主席一人、副主席若干人，候选人人选由企业党组织或管理层提名。主席、副主席人选应具备较高学术、技术水平和较强组织领导能力。

第十七条 企业科协委员会履行以下职责：

一、执行企业科协会员代表大会的决议；

二、选举企业科协主席、副主席等；

三、讨论通过企业科协主席提名的秘书长和副秘书长等人选；

四、审议工作计划和工作总结；

五、组织开展各项活动；

六、表彰做出突出贡献的会员；

七、决定其他重大事项。

第十八条 企业科协委员会会议应定期召开，由企业科协主席召集。委员会会议须有三分之二以上委员出席方能召开，其决议须经到会委员二分之一以上表决通过方能生效。

第十九条　××企业科协委员会设立常务委员会。常务委员会委员名额及候选人产生方案由召集会员代表大会的委员会决定，报企业党组织或管理层同意。在企业科协委员会闭会期间，常务委员会领导企业科协的工作，完成企业科协委员会确定的任务。（企业科协委员会委员超过一定规模的可设立常务委员会。如未设立常务委员会，本条可不要）

第二十条　企业科协委员会根据工作需要，可设置若干工作委员会和专门委员会，协助审议需经委员会或常务委员会审定的有关事项。

第二十一条　企业科协的办事机构为秘书处（办公室），秘书处（办公室）在委员会（常委会）的领导下开展工作。

第二十二条　秘书长负责主持秘书处（办公室）的日常工作。秘书长应由热爱科协工作、熟悉国家科技政策、沟通协调能力较强的科技工作者或企业管理人员担任。

第五章　经　　费

第二十三条　企业科协经费主要来源于所属企业预算，还可包括资助、捐赠和其他合法收入。

第二十四条　××科协严格执行有关财务规章制度。

第六章　附　　则

第二十五条　本章程经××公司科协代表大会通过，自发布之日起施行。

第二十六条　本章程解释权属于××科协。

部分重要材料和资源链接

团结服务科技人才	人才举荐	全国创新争先奖	https://rczx.cast.org.cn
		中国科协求是杰出青年成果转化奖	https://rczx.cast.org.cn
		中国青年科技奖	https://rczx.cast.org.cn
		中国青年女科学家奖	https://rczx.cast.org.cn
		最美科技工作者	https://rczx.cast.org.cn
		两院院士推荐（提名）	https://rczx.cast.org.cn
		国家科学技术奖提名	https://rczx.cast.org.cn
	国际人才举荐	推荐国际科技组织任职	详情请阅读《中国科协企业创新服务资源清单》
		工程师资格国际互认	https://cast-cse.webtrn.cn/cms
	群体服务	中国工程师联合体	https://cast-cse.webtrn.cn/cms
		科技工作者状况调查站点信息	https://www.cnais.org.cn
		中国科协党校“领航计划”青年科技领军人才国情研修活动	https://rczx.cast.org.cn
		企业云课堂	https://www.kczg.org.cn/Cloudclassroom
		企业“创新达人”宣讲活动	https://www.qiyekexie.com/portal/zkx/6/cxdr2021/index.html
		中国科技会堂论坛	https://rczx.cast.org.cn/activity/index/type/1
		网上科技工作者之家	https://www.scimall.org.cn/

续表

促进创新创业和成果转化	服务科经融合	“科创中国”数字平台	https://www.kczg.org.cn/
		“科创中国”创新创业项目云路演	https://www.kczg.org.cn/newtechshow
		“科创中国”科技传播助力企业发展系列路演	https://www.kczg.org.cn/newtechshow
		“科创中国”国际技术路演	https://www.kczg.org.cn/newtechshow
		“科创中国”青年百人会	https://qbh.cccst.org.cn
		“科创中国”系列榜单	详情请阅读《中国科协企业创新服务资源清单》
		中国创新创业成果交易会	https://www.chinaief.net
		“科创中国”科学家企业家创新论坛	详情请阅读《中国科协企业创新服务资源清单》
		“科创中国”创新创业投资大会	https://www.scei.org.cn/touzidahui.html
		“科创中国”科技服务团示范项目	详情请阅读《中国科协企业创新服务资源清单》
		“科创中国”联合体	https://www.kczg.org.cn
		“科创中国”开源创新联合体	https://cccst.org.cn
		“科创中国”创新创业联合体	详情请阅读《中国科协企业创新服务资源清单》
		全国大众创业万众创新活动周	https://shuangchuang.kczg.org.cn
		中国创新方法大赛	http://cxffds.scei.org.cn
	服务创新创业	中国海外人才创新创业项目大赛	详情请阅读《中国科协企业创新服务资源清单》
		中国科技创业数字地图	http://stedm.scei.org.cn/
		企业技术创新力在线自测系统	https://zcxt.scei.org.cn
		中国创新创业发展研究	详情请阅读《中国科协企业创新服务资源清单》

续表

促进创新创业和成果转化	促进跨界交流	科技创新企业家高峰论坛	详情请阅读《中国科协企业创新服务资源清单》
		企业创新大家谈	https://www.scei.org.cn/dajiatan.html
		企业自主创新研讨系列活动	详情请阅读《中国科协企业创新服务资源清单》
		“蝌蚪众传”科技成果传播平台	https://www.tadpolecasting.com/
		海外专利信息资源系统	https://patent.scei.org.cn
		重点产业科技发展动态监测报告	https://patent.scei.org.cn/patent-report/research/index
		《重要学术会议指南》征集发布	https://tac.castscs.org.cn/
		重大科学问题、工程技术难题和产业技术问题征集发布	http://scique.kczg.org.cn
		中国科协院士专家地方行暨国情考察活动	详情请阅读《中国科协企业创新服务资源清单》
		“秒聚青科”系列活动	详情请阅读《中国科协企业创新服务资源清单》
	促进国际合作	国际技术交易联盟	详情请阅读《中国科协企业创新服务资源清单》
		中欧科技创新合作发展论坛	详情请阅读《中国科协企业创新服务资源清单》
促进科学技术普及和推广		“科普中国”平台	http://www.kepuchina.cn/
		全国科普日	www.kepuri.cn
		中国科幻大会	详情请阅读《中国科协企业创新服务资源清单》
		典赞·科普中国	详情请阅读《中国科协企业创新服务资源清单》
		世界公众科学素质促进大会	https://www.wcsl.org.cn/index

续表

促进科学技术普及和推广	中国公众科学素质促进联合体	https://www.cast.org.cn
	全民科学素质先进集体、先进个人评选表彰	详情请阅读《中国科协企业创新服务资源清单》
	全国科普教育基地	http://kpjd.cast.org.cn
	中国（芜湖）科普产品博览交易会	https://www.zgkbh.cn
强化企业科协组织赋能	科技领军企业协同创新系列沙龙	详情请阅读《中国科协企业创新服务资源清单》
	企业科协负责人创新服务能力提升行动	http://qykx.scei.org.cn/portal/tnxd/index.html
	企业科协综合服务系统	https://qykx.scei.org.cn/
	《企业科协》刊物	https://qykx.scei.org.cn/portal/zkx/6/businessCenter/businessMagList.action

扫描二维码查看完整版
《中国科协企业创新
服务资源清单》

企业科协大事记

1950年8月　“全国自然科学工作者代表”会议召开，会议宣布成立“中华全国自然科学专门学会联合会”和“中华全国科学技术普及协会”两个科技群众性团体。随后，两大科技群众团体在基层建立厂矿科普协会，这是我国企业科协的雏形。

1958年9月　经中共中央批准，“中华全国自然科学专门学会联合会”和“中华全国科学技术普及协会”合并为中华人民共和国科学技术协会并召开第一次代表大会，会上提出：“在群众需要的情况下，科协应在工矿、企业、人民公社、学校、机关等单位建立科协基层组织。”会后，所有厂矿科普组织更名为“厂矿科学技术协会”。

1958年　太原重型机器厂（现太原重型机械集团）科协等一批厂矿科学技术协会成立，拉开了我国厂矿科协发展的序幕。

1980年3月　中国科协第二次全国代表大会通过了中国科协第一部章程，正式将“中华人民共和国科学技术协会”改名为“中国科学技术协会”，明确了科协是科技工作者的群众团体，是党领导下的人民团体之一，是党团结和联系科技工作者的纽带，是党领导科学技术工作的助手。大会明确指出：“为了使科协工作更好地深入基层、深入群众，应有计划地、逐步地把组织建立到县和较大的厂矿企业。”自此，我国厂矿科学技术协会如雨后春笋般地在全国各地建立起来。

1980年　中国科协成立科技咨询服务部，并制定了中国科协科技咨询章程。中国科协系统在全国率先开展了具有现代意义的科技咨询服务工作。

1981年2月　中国科协下发《关于在学会、地方科协建立科技咨询服务机构的通知》。

1983年3月　为适应科技咨询工作发展的需要，中国科协在原科技咨询服务部的基础上建立中国科学技术咨询服务中心。随后，各省市科协也纷纷建立科技咨询机构，科协系统的科技咨询服务工作进入快速发展阶段。

1986年9月　中共中央、国务院颁布的《全民所有制工业企业厂长工作条例》第二十五条规定："厂长应当支持企业共青团和科协等群众组织的工作，充分发挥它们在社会主义建设中的积极作用。"该条例为厂矿科学技术协会组织建设和发展提供了法律保障。

1987年4月　中国科协、国家计委联合下发《关于开展"讲理想、比贡献"竞赛活动的通知》，决定在厂矿工程技术人员中开展"讲理想、比贡献"活动。随着"讲理想、比贡献"活动在全国范围开展，我国厂矿科协逐渐走上为企业和经济建设服务的快轨道。

1989年1月　由中国科协主管，中国科协厂矿科协协作中心负责编印的连续性内部资料《厂矿科协工作》创刊，常设栏目包括"党政领导谈厂矿科协""'讲、比'活动""经验交流""工作研究""技术市场"等。

1989年3月　中国科协三届四次全委会明确厂矿科学技术协会是中国科协的基层组织。同年6月，全国厂矿科协协作中心成立，为推动我国厂矿科学技术协会的发展提供组织支撑。

1990年3月　中国科协出台《中国科学技术协会厂矿科学技术协会组织通则》，该通则明确了厂矿科协的性质、宗旨、地位、任务、会员、组织以及经费等内容。从此，我国厂矿科协组织建设有了明确的行动纲领和指南。

1990年11月　全国厂矿科协工作会议召开，中央书记处候补书记温家宝同志在会上强调，厂矿科协把科技人员联结成一个整体，带动科协在企业的全面工作，已成为推动企业发展的一支不可缺少的方面军。

1994年开始　随着国有企业改制工作的不断深入，国有企业内部治理结构的调整给企业科协带来巨大冲击，致使大量企业科协被缩编、合并，甚至被撤销，企业科协组织建设和发展陷入低谷。

1995年2月　《厂矿科协工作》改名为《厂矿科协》，进一步明确面向厂矿科协、面向企业、面向企业工作者，为企业技术进步与厂矿科协发展服务的宗旨。

1996年3月　中国科协召开全国厂矿科协工作座谈会。会议期间，国务委员宋健和全国政协副主席、中国科协主席朱光亚在中南海听取了部分参会代表汇报，并做了重要讲话。领导同志在讲话中充分肯定了“八五”期间厂矿科协在企业两个文明建设中作出的成绩，对厂矿科协工作给予了高度评价。

1996年9月　中国科协、国家计委、国家经贸委联合印发了《关于进一步加强厂矿科协工作的几点意见》，明确提出促进国有大中型企业的技术进步，需要进一步加强厂矿科协工作。

1996年11月　中国科协制定《企业科学技术协会组织通则》，其中将“厂矿科学技术协会”正式更名为“企业科学技术协会”，将企业科协的定位由“开展科技工作的助手”改为“企业科技进步的重要力量”，企业科协建设进入快速发展时期。

1997年7月　为更好地动员和组织广大科技工作者到重点国有企业中去，帮助企业提高技术创新能力和市场竞争能力，国家经济贸易委员会与中国科协联合组织实施“千厂千会协作活动”，倡导全国性学会、协会、研究会，与广大企业密切协作，共同促进科技与经济发展。

2002年9月　为适应形势、提高水平、强化服务，《厂矿科协》更名为《企业科协》，并从栏目、内容、设计上进行了升级改版，进一步加大信息量，不断增强指导性、实用性、可读性。

2003年1月　中国科协印发《关于在非国有企业中加强科协组织建设的意见》。自此，企业科协建设在非国有企业中轰轰烈烈开展起来。同年12月，天津市高新区科协成立，区内多家企业建立基层科协组织，为后来园区科协建设提供经验。

2005年1月　中国科协发布《非国有企业科学技术协会组织通则（试行）》。各级地方科协加快推进非国有企业科协建设的步伐，企业科协不断向非国有企业延伸。

2006年4月　根据中国科协党组《关于中国科协所属事业单位改革实施方案的通知》（科协党组发〔2006〕21号），中国科学技术咨询服务中心与中国科协厂矿科协协作中心合并，保留两个单位名称。此后，中国科学技术咨询服务中心与中国科协厂矿科协协作中心实质是按一个单位统一管理，并主要以“中国科学技术咨询服务中心”作为对外名称开展业务工作。

2007年1月　中央组织部、教育部、科技部、人事部、中国科协联合下发《关于动员和组织广大科技工作者为建设创新型国家作出新贡献的若干意见》。

2007年3月　中国科学技术咨询服务中心联合科学技术部火炬高技术产业开发中心在天津召开“国家高新区科技工作者队伍建设研讨会”。会议一致通过了《天津宣言》，来自北京、天津、济南、苏州、广州、中山等地的11家高新区科协自发成立了全国高新区科协组织网络并确立了章程。

2007年5月　全国企业科协工作会议在北京召开。会议充分肯定了企业科协工作取得的成效，并指出企业科协建设面临覆盖面较小、活动的内容和形式与企业发展要求及企业科技工作者需求差距较大、自身活力不强等问题。针对这些问题，会议从“三服务一加强”的工作定位、创新工作方式和搭建工作平台等角度提出了相关对策。全国人大常委会副委员长、中国科协主席韩启德出席会议。

2007年6月　中国科协印发的《关于加强企业科协工作的若干意见》强调企业科协在增强企业自主创新能力中的重要作用，并从企业科协开展的任务和组织、领导和管理保障方面提出针对性意见。

2007年7月　中国科协与发展改革委、科技部、国资委联合出台《关于在企业深入开展“讲理想、比贡献”活动的意见》，为企业科协工作开展提供有力的“抓手”。

2008年2月　全国“讲、比”活动领导小组第一次会议在北京召开，并印发了《全国“讲理想、比贡献”活动领导小组第一次会议纪要》。同年12月，中国科协、国家发展改革委、科技部和国务院国资委在成都召开2007—2008年度“讲、比”活动总结表彰大会。

2008年6月　中国科协七届七次常委会审议通过《企业科学技术协会组织通则》。同年10月，《企业科协工作手册》出版，为地方科协和企业科协工作开展提供有益的指导和参考。

2010年1月　王兆国同志在中国科协七届五次全委会上的讲话中明确提出，科协组织要引导科技工作者带着更多智力资源进入企业，增强企业技术创新能力，是科协为保持经济平稳较快发展直接服务的主攻方向。要大力发展“院士专家工作站”，推动高等学校和科研院所的科技工作者深入企业、深入生产一线，开展交流研讨、协同科技攻关，组织创新方法培训，联合培养创新人才，推动形成企业提出技术需求、高等学校和科研院所提供服务的良性互动局面，引导创新要素向企业聚集。同年9月，《中国科协关于推进院士专家工作站建设的指导意见》出台，推进院士专家工作站建设工作规范、有序、持续、健康发展。

2010年11月　2009—2010年度全国“讲、比”活动总结表彰大会在北京举行，对贡献突出的119个先进集体（含院士专家工作站20个）、97名科技标兵、99名优秀组织者进行了表彰。

2012年11月　中国科协、国家发展改革委、科技部和国务院国资委在京召开2011—2012年度全国“讲理想、比贡献”活动总结表彰大会，对贡献突出的246个先进集体、50个先进专家工作站、199名科技标兵、199名优秀组织者进行了表彰奖励。

2013年12月　中国科协召开全国企业科协工作座谈会。中航工业成都飞机工业（集团）有限责任公司科协、中国南车集团科协、中关村科技园区丰台园科协、武汉东湖创业中心科协在会上介绍了服务企业创新发展方面的好经验好做法。科技部、国资委、全国总工会和中科院等部门领导就配合科协组织服务好企业技术创新进行了交流讨论。

2014年2月　中国科协召开“服务企业技术创新工作协调会”，强调要准确把握中央书记处关于“六个哪里”指示精神的深刻内涵，切实把“六个哪里”的要求贯彻到服务企业技术创新工作当中；要发挥好科协组织的政治属性和业务属性的作用，动员组织广大科技工作者服务企业技术创新，为服务创新驱动发展战略作出新贡献。

2014年12月　中国科协、发展改革委、科技部、国资委、全国总工会联合印发《关于表彰全国“讲理想、比贡献”活动先进集体、创新团队、创新标兵和优秀组织者的决定》，对2013—2014年度在“讲、比”活动中作出突出贡献、有较强示范作用的298个先进集体、188个创新团队、300名创新标兵、187名优秀组织者进行表彰。

2015年3月　为推动中国科协服务企业技术创新工作，经中央编办批准，中国科协学会学术部加挂“企业工作办公室”牌子；同年8月，根据《中央编办关于中国科协所属事业单位机构编制调整的批复》（中央编办复字〔2015〕82号），“中国科协厂矿科协协作中心”更名为“中国科协企业创新服务中心”，具体承担企业科协建设和企业创新服务相关工作，同时撤销“中国科学技术咨询服务中心”。

2015年4月　中国科协与国资委联合印发《关于加强国有企业科协组织建设的意见》，进一步推进国有企业科协组织建设工作。

2016年1月　中共中央办公厅印发《科协系统深化改革实施方案》。该《方案》明确提出，要“推动科协组织向园区和企业延伸，采取单独组建、区域联建、行业统建、依托组建等多种方式，大力发展企业科协、园区科协或企业科协联盟等，重点在新经济组织建立科协，把创客之家等新型科技社团纳入科协，接长‘手臂’、形成链条”。

2016年4月　为全面落实《科协系统深化改革实施方案》和中国科协“十三五”规划，中国科协在重庆召开企业工作座谈会。会议认真研究了新形势下如何推动科协企业工作等问题，进一步理顺了科协服务企业工作的体制机制。

2017年初　中国科协企业创新服务中心启动企业科协网建设，并于5月正式上线。企业科协网后发展为两个部分，一是创新资源共享平台，二是企业科协综合服务系统。

2017年4月　中国科协企业创新服务中心在成都举办全国园区科协负责人培训班，旨在推进园区科协组织建设，提高企业科协干部队伍素质，增强服务企业科技工作者和企业技术创新的能力和水平。

2017年8月　由中国科协组织人事部和企业工作办公室联合举办的全国企业科协建设推进会在贵阳召开。此次会议明确了加强企业科协组织建设、做好企业科协工作的紧迫性和重要性，并把科协基层组织建设作为要着力攻克的五大重点、难点任务之一，奋力实现“四个全覆盖”。

2017年12月　中国科协企业工作会议在北京召开。会议主要目的是贯彻落实党的十九大精神，研究科协企业工作的新定位，规划科协企业工作的新目标和新征程，同时，重点研究部署院士专家工作站和企业科协信息化建设两项工作。

2018年3月　中国科协召开非公企业科技联合体筹备会，正式启动非公企业科技联合体建设试点工作，搭建企业与学会、高校、科研院所以及企业之间的技术交流合作平台。

2018年7月　中国科协与国资委在京召开共同推进中央企业科技创新座谈会，并签署战略合作协议。根据协议，双方将共同开展重大战略研究，联合举办中国科技产业论坛，推动中央企业与国际科技组织合作，建设“一带一路”国际科技合作平台，支持建立中央企业引才目录，加大中央企业青年科技人才、院士候选人的举荐力度，研究建立中央企业科学技术协会，在重点产业领域建立中央企业科技联合体，深入开展企业科普工作。

2018年7—12月 中国科协企业创新服务中心先后在湖南长沙及北京举办四期企业科协负责人创新能力提升行动，对象分别为民营企业科协负责人、园区科协负责人、国有企业科协负责人及地方科协企业工作部门负责人。该系列活动以专题报告培训、企业现场考察、科协间经验交流及资源对接为主要内容，及时回应了新时代企业科协建设和发展的需要，对提升企业科协负责人创新服务能力起到了积极的促进作用。

2019年6月 创新资源共享平台（绿平台，后更名为中小企业服务平台）在2019全国大众创业万众创新活动周期间正式发布。“绿平台”以推动创新资源可视化、创新服务产品化和产品服务定价化为切入点，通过信息化手段、协同化模式、市场化机制，帮助创新创业市场主体解决找服务、找设备、找专家、找技术、找资金、找政策面临的痛点。

2019年9—10月 中国科协企业创新服务中心在湖南长沙先后举办四期企业科协负责人创新服务能力提升行动，参与对象主要包括民营企业科协负责人、国有企业科协负责人、园区企业科协负责人及地方科协企业工作部门负责人。

2019年11月 中国科协企业创新服务中心联合湖南省企业科协联合会等单位，编制出版了《企业科协工作手册》。《手册》围绕企业科协是什么、怎么建、干什么、怎么干、有哪些新形态、可从各级科协获得哪些服务与支持等六个主要方面，深度思考新形势下企业科协的定位和内涵，梳理、总结、提炼出企业科协的工作举措和方法，为企业科协工作者提供系统性、规范性的工作指引。

2019年12月　中国科协企业工作座谈会暨企业创新服务工作总结验收会在北京召开。会议从思想政治引领、智库引领、学术引领、创新创业服务、信息化协同等方面回顾了2019年企业创新服务工作，并进一步明确了新时期企业工作的思路和方向。

2020年8—10月　中国科协企业创新服务中心先后在湖南长沙、广西南宁、陕西西安、江苏无锡举办四期企业科协负责人创新服务能力提升行动。

2020年10—12月　企业“创新达人”宣讲活动在江苏省、浙江省及湖南省陆续举办。活动以企业“创新达人”宣讲为重点呈现形式，通过讲述创新故事、交流心得体会，展示企业一线科技工作者投身科技创新、服务决胜决战的优秀典型、生动实践和成功经验。

2021年7—9月　中国科协企业创新服务中心组织开展“企业科协风采展示”系列活动，包括“新建企业科协风采展示”和“企业科协品牌活动展示”两部分。活动通过展示企业科协组织建设与工作开展新面貌，不断夯实组织基础、强化品牌引领，进一步巩固和完善中国科协、地方科协和企业科协之间的多级联动工作体系，提升企业科协组织活力和联系服务企业科技工作者的能力。

2021年7—12月　中国科协企业创新服务中心在湖南长沙及四川成都举办四期企业科协负责人创新服务能力提升行动，先后面向民营企业科协负责人、国有企业科协负责人、园区科协负责人和地方科协企业工作部门负责人开展系统性的主题活动。

2021年7—12月　着眼于激发企业科技工作者创新活力、提升企业技术创新能力，“科创中国”企业创新达人宣讲活动在江苏、湖南、浙江、陕西、山东、山西、宁夏、江西、吉林、广西十个省份陆续开展，通过讲述创新故事，弘扬企业家精神、科学家精神、工匠精神，为企业创新人才的成长营造更好环境，不断提升科协组织对企业科技工作者的凝聚力和影响力，增强企业科技工作者的责任感、获得感、荣誉感和归属感。

2021年8月　根据新的三定方案，中国科协不再保留“企业工作办公室”牌子，相关职责并入新组建的“科学技术创新部”。

2021年12月　中国科协党组书记、分管日常工作副主席、书记处第一书记张玉卓向国务院国资委管理的97家中央企业负责人致函，号召广大央企加快推动建立科协组织，发挥企业科协在凝聚科技人才、促进自主创新、激发创造活力等方面的作用，进一步提高了中央企业对科协工作的重视程度。

2022年2月　国务院国资委、中国科协举行座谈会并签署全面战略合作协议，共同深入学习贯彻习近平总书记关于科技创新的重要论述精神，贯彻落实党中央、国务院决策部署，积极打造国家战略科技力量，推动中央企业提升科技创新能力、加强科技交流工作，加快实现高水平科技自立自强，更好助力创新型国家和世界科技强国建设。

2022年2月　中国科协与中华全国工商业联合会签署全面战略合作协议。双方将围绕开展调研和智库合作、开展科技政策宣讲、举荐培养民营企业科技人才、开展科学家进民营企业活动、推动“科创中国”为民营企业赋能、推动民营企业参与科学普及、推动民营企业科协组织建设、宣传民营企业科技创新典型案例和优秀创新人才、推动地方工商联与科协建立协作机制等九个方面深入合作。

2022年6月　中国科协召开中央企业科协筹建工作专题会，34家中央企业代表参加会议。

2022年6月　中国科协十届常委会第五次会议审议通过了新版《企业科学技术协会组织通则》。

2022年上半年　中国煤炭科工集团有限公司、中国石油化工集团有限公司、中国煤炭地质总局、中国机械工业集团有限公司、中国联合网络通信集团有限公司、中国化学工程集团有限公司、鞍钢集团有限公司、中国石油天然气集团有限公司等一批中央企业成立科协组织，中国科协党组书记、分管日常工作副主席、书记处第一书记张玉卓出席部分科协成立仪式。